数学思维

『改变你工作和生活的神奇魔力』

[日]深泽真太郎◎著
马　睿◎译

中国铁道出版社有限公司
CHINA RAILWAY PUBLISHING HOUSE CO., LTD.

北京市版权局著作权合同登记　图字：01-2020-3506

图书在版编目（CIP）数据

数学思维：改变你工作和生活的神奇魔力 /（日）深泽真太郎著；马睿译 . —北京：中国铁道出版社有限公司，2022.4
ISBN 978-7-113-28499-2

Ⅰ. ①数… Ⅱ. ①深… ②马… Ⅲ. ①数学－思维方法 Ⅳ. ① G613.4

中国版本图书馆 CIP 数据核字（2021）第 220186 号

书　　名：数学思维：改变你工作和生活的神奇魔力
SHUXUE SIWEI: GAIBIAN NI GONGZUO HE SHENGHUO DE SHENQI MOLI
作　　者：（日）深泽真太郎
译　　者：马　睿

策划编辑：王伟彤　　编辑部电话：（010）51873697
责任编辑：巨　凤　　邮箱：455504802@qq.com
封面设计：宿　萌
责任校对：苗　丹
责任印制：赵星辰

出版发行：中国铁道出版社有限公司（100054，北京市西城区右安门西街 8 号）
印　　刷：北京柏力行彩印有限公司
版　　次：2022 年 4 月第 1 版　2022 年 4 月第 1 次印刷
开　　本：880 mm×1 230 mm　1/32　印张：6　字数：118 千
书　　号：ISBN 978-7-113-28499-2
定　　价：49.80 元

前　言

不情不愿地做着数学题，抄写和背诵着教科书上的公式，心里却想着："学这个以后能派上什么用场啊……"相信不少人对数学课都有这样的印象吧。

在书店看到这本书的你，在看到"数学思维：改变你工作和生活的神奇魔力"这个标题时，首先跃入脑海的是什么呢？"数学思维？你是说让我和上学时学数学一样，在工作中也要背公式，套用学到的解法算出答案吗？"

如果你对于数学的印象就像我开篇描述的那样，也许你会这么想。但是在这里我想告诉你：并非如此。

在我的课上，我从来都不会说："请大家在下节课之前背下这些，到时候会考。"

也许你会觉得：

"我从来都不擅长数学……"

"我看到数字就头疼……"

没关系，本书中会用到的数学知识，不会超过小学和初中水平。

因此，我尤其希望不喜欢甚至厌烦数学以及看到数字就头疼的人读一读这本书。

你可能又会怀疑说："你说初中水平就够，但是想要在工作中用得上的话，还是少不了微积分之类的复杂数学理论吧？"

这也不对。我常常和学员们说这样一句话："学习商务技能，只需要初中水平的数学知识。"

这是因为，在应届生招聘和公司内部评级考试中用到的数学测试，也没有超过初中水平。高中开始的数学内容其实已经算得上是专业知识了。

耐心读下去，你就会发现我说的"只需要初中水平的数学知识"并非虚假宣传。同时，你还会感觉到这些内容和在上学时它们给你留下的印象截然不同，有些内容也许你在学生时期一知半解，但是现在就能够心领神会了。

我现在会以商务数学咨询顾问的身份，给商务人士或者大学生开办数学讲座。

我的授课理念是，不仅仅向大家传授在工作中派得上用场的数学知识，还力求让学员们通过学习数学，学会运用数学思维思考问题，从而在生活和工作中受益匪浅。

在你入职一家公司时，应该会有领导或者前辈来教你一些工作上的基础知识。但是，没有人会教你在遇到工作难题时要怎样"改变视角"，运用合理的"思维方式"，找对"努力的方向"来解决问题。

我在上一家公司时正是如此，没有人教过我遇到问题应该怎样解决。也正因如此，我不断地使用数学思维进行思考，尝试寻找解决问题的方法。而数学思维带给我的回报是，我借此成功地解决了不少问题，也多次改善现状，扭转了劣势。

举一个我在服装店做销售时候的例子吧。

当时我们的工作内容之一是这样的：每隔几分钟，店员们轮流站在店门口向顾客打招呼并且宣传商品。有一天我向店长建议，只要改变记录顾客人数的方式，我们就能够更具体地把握顾客的行动轨迹。详细来说，就是站在门口记录走进店里的顾客人数的同时，记录每小时每层楼的顾客人数。

凭借多记录的这一个数字，我们能够更清楚地把握顾客在店里的行动轨迹，从而根据店内的人流量更合理地调整扶梯的上下行安排以及工作人员的分布和排班情况。

当时的我运用数学思维，意识到大家花时间收集到的这些数字，其实有更大的用武之处。

说到数学思维，如果你觉得需要在脑海中使用高深的理论进行思考，那你就误会了。

这里讲述的数学思维，是通过数字和逻辑进行客观的思考。

大家都知道，数学是使用数字的学问。而我在本书中想要强调的是，面对数字，不要凭感觉和想当然，而要利用数学和逻辑思维进行处理。这可以帮助我们培养客观、把握事实，并从中推导出最合适下一步的能力。

尽管通过数学这门学问，我们可以学到对工作和生活都大有裨益的“思维方式”，但是根据我的经验，很多人对于数学只是死记硬背、敷衍了事。

对此，我感到既可惜，又遗憾。

也正因如此，我越发想告诉大家，数学还可以这样来学习。

最后，我衷心地希望通过本书，让数学可以成为帮助大家在工作和生活中解决难题、开拓局面的强有力武器。

深泽真太郎

2013年2月

目　录

第一节　数学真正的活用方法，在学校里学不到

第二节　遇到难题时，利用数学改变“工作的视角”

第三节 别凭感觉，凭逻辑

第四节　你能“正确地”使用数学吗

第一节

数学真正的活用方法，在学校里学不到

数学思维到底是什么呢？

上学的时候，也许你一边听着数学课，一边却在嘀咕：“做出这道题，对以后又有什么帮助呢？”

我希望大家通过数学掌握的，不是算法或者公式，而是如何借助数字这个工具来观察、思考、判断事物。

第一节

01

数学思维（1）

数学是唯一能够锻炼逻辑和数字能力的学问

初中是九年义务教育的一部分，而在初中的所有课程中，**数学是唯一能够锻炼逻辑和数字能力的学问**。我相信，正在读这本书的大家也都学过初中数学。

那么，在步入社会之后，你还有在工作和生活中用到过初中数学的知识吗?

在我的讲座中有不少不太擅长数学的学员会告诉我，自己早已忘光了当年为了应付考试才背的公式，现在用到的数学知识最多也就是四则运算而已。

作为一个从职场走到面向商务人士讲台的人，我不禁觉得：这实在是太可惜了。**其实，中学数学的解题方法和思路，和商务人士不可或缺的思维方式有着不少共通之处。**

我常说，没有什么职业是不会用到数字的，相信有过职场经历的人都不会否认这一点。而在职场上，我们不能单靠感觉来工作。要靠逻辑，才能不让工作干到哪儿算哪儿。

而数学正是一门能够学习数字和逻辑这两个在职场上必不可少的因素的学问。所以说，**学习数学对于工作有百利而无一害。**

说到有益于工作的数学，不少人会联想到高深的数学理论。不过，我的讲座中只会涉及初中数学知识，自然也就不用担心这些复杂的理论。我常常将通过中学数学题学习到的思维方式称为**数学思维**。

我讲座的目标，除了传授在特定情况下行之有效的计算方法外，更重要的是让大家掌握数学思维。

如果要让我给数学思维下个定义，我会说，数学思维就是：

用逻辑处理数字，客观考虑问题。

以此为基础，我们才能有根据地进行表达、分析和决策。

在工作和日常生活中，有不少人的判断和想法不来源于逻辑，而是来源于主观感受。

如果大家能够通过阅读本书掌握数学思维，不管在什么样的情况下，面前的世界一定会比过去更加广阔。

知识点

- 数学思维=用逻辑处理数字，客观考虑问题
- 在初中数学中学过的思维方式在职场上也能大显身手

第一节

02

数学思维（2）

一道题判断你是不是优秀的商务人士

在我的讲座中，有时学员们的解题方法会分为两派。

比如说下面这道题。

提问

一家服装公司面向200名顾客做了以下调查：2012年，在促销季和以原价销售的非促销季中，分别有多少人进行了购物。

在非促销季购买：100人

在促销季购买：160人

在2012年中没有购买：20人

请问，通过这些数字我们能够获取哪些信息呢？

学员A的解法

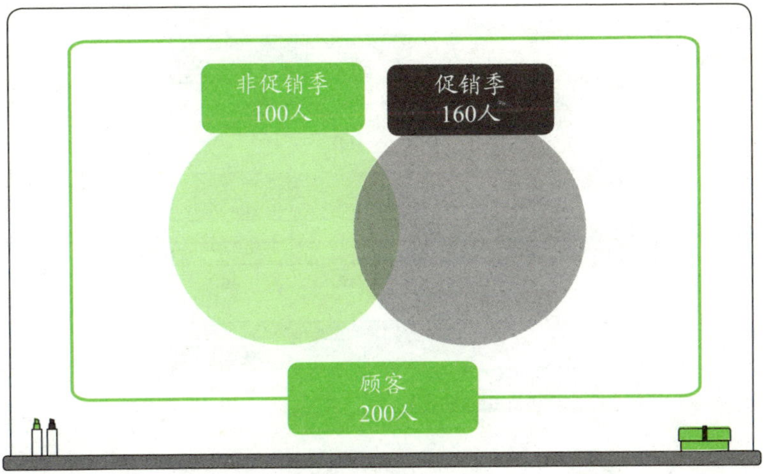

画一张文氏图之后看着图思考。

这种解法常见于年轻人之中，也许是因为年轻人对于这种在课堂和考场中常用的解法记忆还比较清晰。

而在职场经验更丰富的人中，还会出现下一页的这种解法。

学员B的解法

		促销季		
		购买	未购买	
非促销季	购买			100
	未购买		20	
		160		200

		促销季		
		购买	未购买	
非促销季	购买			100
	未购买		20	100
		160	40	200

		促销季		
		购买	未购买	
非促销季	购买	80	20	100
	未购买		20	100
		160	40	200

		促销季		
		购买	未购买	
非促销季	购买	80	20	100
	未购买	80	20	100
		160	40	200

简简单单地用直线画一张表，然后将计算结果填入表格中。

这道题中，一共有非促销季的“购买”“未购买”和促销季的“购买”“未购买”的4种情况。将200名顾客归类到表格中相应的部分之后，只要使用边上的数字进行减法就可以很轻松地算出结果。

这两种解法的区别代表着什么呢？

A的解法，其实只是简单应用了上学时学过的集合问题解法而已。与此相比，B的解法则有一个整理的过程。像B这种习惯于**通过横线和竖线画出表格进行整理**的人，大概率会擅长整理信息，也因此会更擅长向人解释说明。

可以看到，B的解法**将这道题中所有的数字都变得一目了然。这种整理方法在职场上也非常重要**。连初中生也能很快地理解表格的内容。

当然，A的解法也绝对没有错。

不过，考虑到在工作中的普适性的话，哪种解法更好就不言自明了。这正可谓，用一道题就能判断你是否具备优秀商务人士的思维方式。

知识点

- 上学时学的文氏图只是方便理解的概念图
- 习惯做表格整理的人擅长整理信息，也擅长向人解释说明

第一节

03

数学思维（3）

用数学锻炼在工作中行之有效的思维方式

读到这里，也许会有人产生这样的误解：“是不是数学学得好就代表工作能力强？”

遗憾的是，事情没有这么简单。

听到这个回答，有人就会说：“那我为什么还要学数学呢？保持现状也没什么问题吧？”

虽说狡辩是小学生才用的招数（我小时候也不例外），但是在这里我还是要“狡辩”一下：作为一门学问，数学不过是一种训练工具。

换言之，数学这门学问和商务人士的工作能力并没有直接关系。

但是，这并不代表数学是没有用的。这是因为，**我们可以通过数学锻炼在职场上必备的技能**。

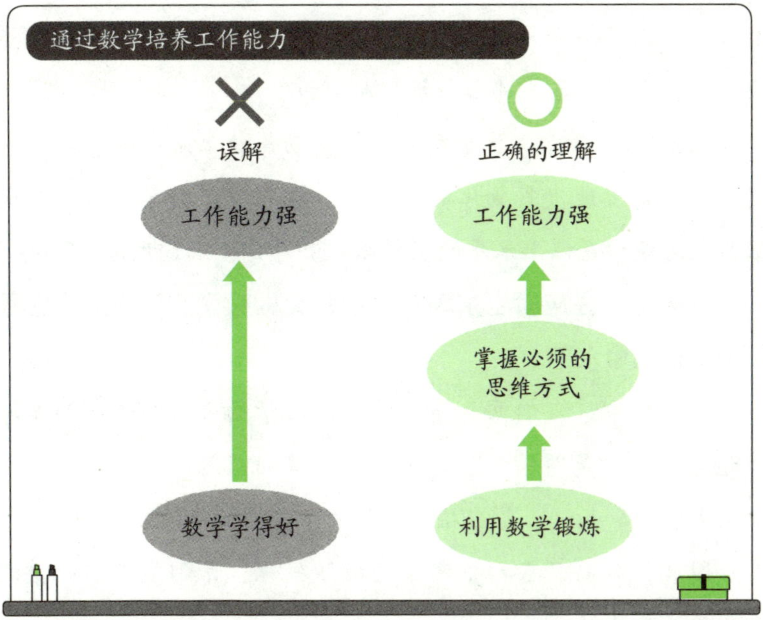

除此之外，还有一个误会需要解释一下。

那就是，“初中数学在职场上应该没有什么用吧”这个大家常有的误会和疑问。

我想在这里详细解释一下这个和本书核心部分密切相关的问题：为什么我说初中数学就足够了呢？

我们在小学和初中学的数学，其主要目的是培养大家的基本思考能力。所以说小学和初中是义务教育，也就是“面向所有人”的教育。而从高中数学开始，数学教育就会涉及一些专业知识，变得不再是“面向所有人”的了。

比如说，三角函数是用来分析波动等物体运动的，而微分则是用来计算速度等物体的变化的。除了少数数学家，相信大家都认为高中及以上水平的数学知识并非是“面向所有人”的。

实际上，**在应届生招聘笔试中常见的数学测试难度也往往不会超过初中水平**。

在工作中，我们需要使用的不是数学的专业知识，而是思考能力。不管是跑销售，还是做便利店的店员，所有职业都需要思考能力。而这正是应届生招聘笔试想要测试的能力。

因此，只要具备初中水平的数学知识，谁都能够借此培养必备的商务技能。

我身边的成功商务人士中，没有一个说自己从小到大都喜欢数学的（当然，这里的数学是包括了高中数学的）。但是我相信，小学和初中的数学题对于他们来说都不成问题。这是因为，他们早已能够熟练运用在**工作中行之有效的思维方式**。而这些思维方式，和初中数学是挂钩的。

越是当年讨厌数学的人，越应该重新审视“数学”能教会我们什么，也越能从“数学”中受益。

这，正是我写这本书最大的意义。

在下一小节中，让我们通过具体例子看看掌握数学思维的好处，或者说在工作中不运用数学思维的坏处。

知识点

- 数学学得好不代表工作能力强（但是，工作能力强的人基本都擅长在工作中运用数学）
- 我们可以利用数学锻炼“在工作中行之有效的思维方式”

第一节

04

数学思维（4）

学解题，不如学数学思维

在前文中我已经提到，只会单纯“计算”，而没有掌握其背后思维方式的话，是没法提高工作能力的。下面这道题就是一个典型的例子。

提问

一家公司想要决定旗下的哪家店铺最优秀。

☆A通过计算销售额÷店员人数，得出了店员的人均销售额。他认为根据这个指标，X店最优秀；

☆B则通过计算销售额÷店铺面积，得出了每平方米的平均销售额。他认为根据这个指标，Y店最优秀。

A、B二人的讨论迟迟没有结果，到最后也没能定下最优秀的是哪家店铺。这个场景中，问题出在哪里？

如果我们运用数学思维来思考，就能立刻注意到问题所在：分母。这道题的正确答案是：**二人的结论不同是很正常的。这里的根本问题在于没有一开始就定下判断标准。**

在除法中，只要改变分母，算出的结果也会随之改变。因此在这道题中，用店员人数作为分母算出来的结果和用店铺面积作为分母算出来的结果不同，这再正常不过了。反过来说，这正是除法的原理和法则。

这里出现的一个常见错误是，有时候大家会误以为只有仔细计算才能解决问题，所以在单位都不同（比如说店员人数和店铺面积）的情况下苦苦思考，尝试去算出一个甚至可能都不存在的正确答案。

我重申一次，本书的目的是让大家掌握数学思维。

换言之，就是：

掌握解题思路，而非解题方法。

相比于拿到问题并算出正确答案，我更希望大家带着在解题过程用到的思路来阅读本书。

在工作中，我们不会有机会来解方程或者平面几何的题目。但是，在解题中用到的思路却是极其常用的。

也许你会觉得现在再学初中数学没什么意义，但是我相信这本书一定能给你带来新的发现，让你看待工作的方式有所改变。

知识点

- 在没有正确理解原理和法则的情况下，使用除法可能会导致错误
- 学习数学时要掌握解题思路，而非解题方法

第二节

遇到难题时，利用数学改变“工作的视角”

在碰壁的时候，人的视野总是容易变得狭窄。这时候，不管做什么决策都很难让事态有所好转。

这种情况下，能够拓宽你视野的正是数学。

在我还是个上班族的时候，每次在工作中遇上困难，都是数学让我有了新发现。

在第二节中，我将带大家一起，用一个和以往不一样的角度来观察工作。

第二节

01 工程问题

没有数字就创造数字

提问

你在一家公司里担任经理，有一天你想把一项工作交给你的两名下属。

你先后问了他们二人，A告诉你他需要3小时，而B则告诉你他需要4小时才能完成。

你自己还有别的工作要做，没办法参与。但是情况紧急，你就让A和B二人合作着手这项工作。

请问，A和B一共需要多少时间才能完成这项工作呢？

3小时和4小时，平均下来是3.5小时。

如果你是这么算的话，那你就错了。A一个人做只需要3小时，但是两个人合作的话所需时间反而增加了，这明显有问题。

那么，这道题应该怎么解呢？

在这道题中，我们不知道这项工作的工作量具体有多少。在这种情况下，我们可以创造一个数字。

比如说，我们可以假设工作量为“1”。

接下来，让我们思考一下下面这个表中的每个空格应该填入什么数字。

	工作量	所需时间	每小时的工作量
A	1		
B	1		
A+B	1		

A每小时可以完成$\frac{1}{3}$，而B每小时可以完成$\frac{1}{4}$，二人合计每小时可以完成$\frac{1}{3}+\frac{1}{4}=\frac{7}{12}$。

A每小时的工作量是$\frac{1}{3}$，所以完成“1”的工作量的时间是$1\div\frac{1}{3}=3$小时。同理，B所需的时间是$1\div\frac{1}{4}=4$小时。

因此，A和B二人合作所需的时间是：

$1\div\left(\frac{1}{3}+\frac{1}{4}\right)=\frac{12}{7}$（小时）

$\frac{12}{7}=1\frac{5}{7}\approx1.71$，也就是说A和B合作只要不到2小时就可以完成这项工作。

	工作量	所需时间	每小时的工作量
A	1	3	$\frac{1}{3}$
B	1	4	$\frac{1}{4}$
A+B	1	$\frac{12}{7}\fallingdotseq 1.71$	$\frac{7}{12}$

因此，你可以这样给他们安排任务：

“这项工作不用2小时就能做完，你们注意点时间。完成以后就回到原来的工作上。”

给下属安排工作的时候，不是简单地告诉他们尽早做完，而是在把握每个人最大限度工作能力的前提下，给出具体的工作时间目标。这样一来，你就能够有效地掌控下属、自己、甚至整个部门的工作进度。

这里的关键就在于，创造了“1”这个数字。

通过创造这个数字，我们获得了每小时的工作量这个新的指标，让后续的计算成为可能。

我们都知道，在实际工作中不是所有的任务都像分发100张传单，或是接待100名顾客这样有明确数字指标的。

比如说做每周的例会材料、计算全公司员工的工资或者开办内部学习会等。这些工作都是没有办法用具体数字衡量的。

没有数字的话，就创造数字。

请记住，“1”这个数字在这时能发挥关键作用。

知识点

- 工程问题可以用来管理下属的工作时间
- 进行评估需要数字，没有数字就创造数字

第二节

02 整理四象限（1）

关键在于选取什么作为横轴和纵轴

对称和垂直，这是两个我们在小学、初中的数学课中就已经学过的概念了（准确地说“对称”是小学六年级，“垂直”是小学四年级）。但是可别因此小看了它们：对这两个概念的实际理解程度与我们在工作中分析问题和进行演讲的水平息息相关。这是为什么呢?

在做讲演的时候，我们常常会使用横轴和纵轴来整理和说明事物。这种整理方法的优点在于能够从正和负、增加和减少、好和坏等角度出发，“进行对称（对照）思考”。

画一个对称的图表，能够让我们更准确地进行评价，更清晰地向他人说明自己的逻辑。二象限太简单，挖掘不出深度；八象限则要用到大家都不太熟悉的三维立体模型。因此，相对来说最合适的就是四象限了。

不过，在用横轴和纵轴画图的时候需要多注意。

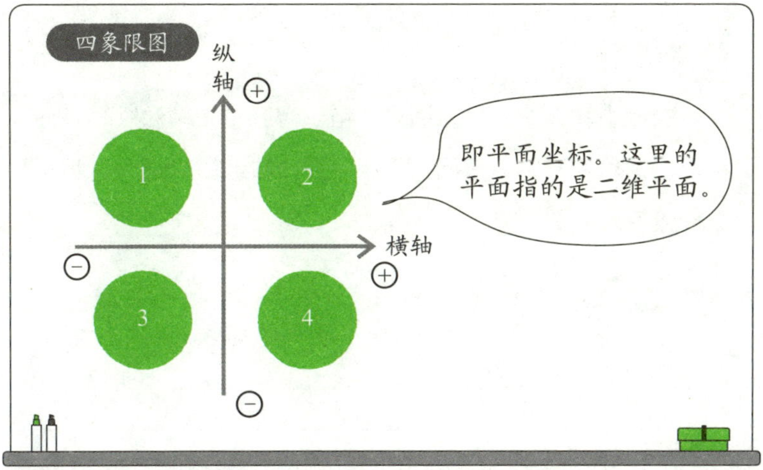

有时候我们好不容易选了2个轴进行分析，但是这2个轴可能不互为**“垂直关系”**。“垂直关系”是我在本书中创造的一个概念。

“垂直”这个词本身，指的是2根直线相交且互为直角关系。而在本书中，“垂直”指的是在2个指标之间存在**“一方的变化（好或坏）不会对另一方产生任何影响的关系”。**

让我们来看一个例子。

提问

有家公司开了一堂培训课。组织者画了横轴和纵轴来分析学员们填的问卷。请问以下3种横轴和纵轴的组合，哪种更合适？

	横轴	纵轴
1	讲师水平怎么样？	你理解培训内容了吗？
2	培训材料好懂吗？	你理解培训内容了吗？
3	讲师水平怎么样？	培训材料好懂吗？

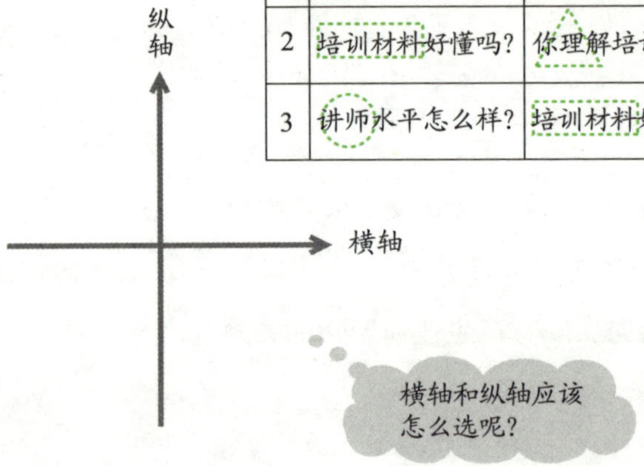

1. “讲师水平”会左右“对培训内容的理解程度”。

→因此，这两个概念不互为垂直关系。

2. “培训材料的易读性”会左右“对培训内容的理解程度”。

→因此，这两个概念不互为垂直关系。

3. “讲师水平”和“培训材料的易读性”二者完全没有关联。

→因此，这两个概念互为垂直关系。

由上可得，使用选项3中的横轴和纵轴进行分析可以帮助我们获得准确的信息。

在工作中一个常见的错误就是，使用的“对称关系”之间不互为“垂直关系”。其原因在于，不少人在画出横轴和纵轴之后就觉得大功告成了，没有再进一步考虑。

知识点

- 整理信息时，不要觉得只要画出横轴和纵轴就大功告成了
- 要选择两个互不影响的指标作为横轴和纵轴

第二节

03 相遇问题

以中点为终点，提高工作效率

不管在哪家公司都会有这样的情况：明明工作内容是一样的，但是有的人能快速完成早早回家，而有的人却需要加班。

这个差距是从何而来的呢？

这一章节的内容就为这个问题提供了一种答案。

我们应该都在学校里学过相遇问题。相遇问题是行程问题的一种，假设有两个或两个以上位于不同地点的物体做相向运动，求其速度、时间或距离。请看下题。

提问

A、B两人从相距75千米的两地同时开始相向而行，已知A的速度为10千米/时，B的速度为15千米/时，求二人相遇所需的时间。

A、B二人相对彼此的运动速度是10+15＝25千米/时。75千米 ÷ 25（千米/时）＝3小时。也就是说，二人会在3小时之后相遇。

在这道题中，我们可以看到二人并没有站在原地等待对方，而是同时朝彼此的方向运动，这让到达“二人相遇”这个终点的时间大大缩短。

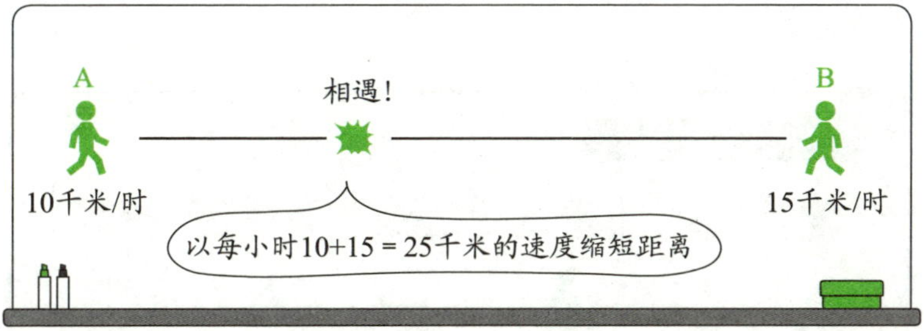

我们怎样能将相遇问题的思维方式应用到工作中呢？比如说：

A正在制作下周要用的演示材料。他首先委托分析组的B提供材料所需的数据。在这里，这项工作的主体是A，他需要拿到数据以后才可以开始着手。而C的做法则有所不同：他在委托分析组的D提供数据时，给D发了材料的模板，让D直接把数据放到模板相应的位置。

你看出A和C的工作方式有什么不同了吗？

在A的情况中，两个人是向着相同方向，以接力方式前进；而C的情况中则没有先后顺序，两个人同时开始相向运动。

理所当然，C情况中的两个人能够更早到达终点。

在工作，甚至是日常生活中，我们总是习惯性地认为终点是在一段路的尽头。**然而，如果在这里应用相遇问题的思维方式，将终点放在路程的中间点的话，我们就可以更早到达终点。**

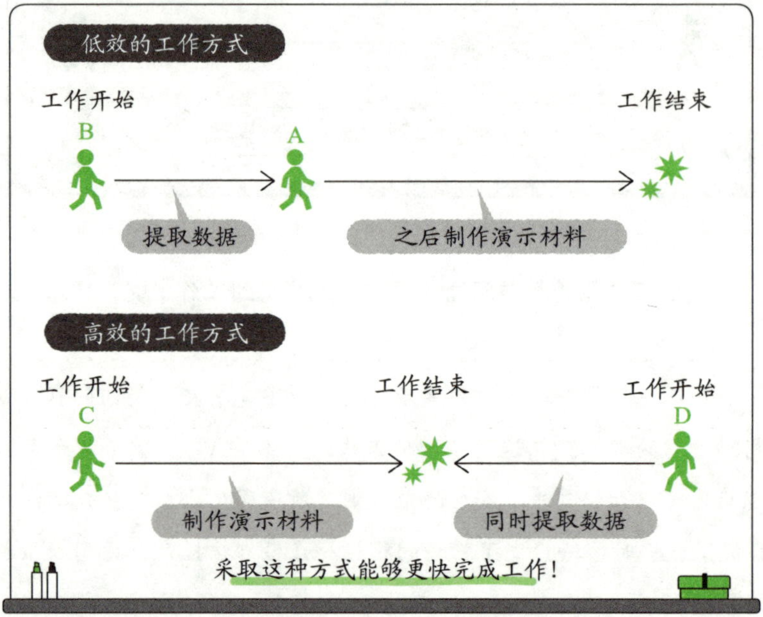

举个例子，比如说我现在是和编辑合作来执笔这本书，而我们的合作方式正符合“相遇问题”的思维方式。

相比于在我写作时让编辑干等着，全部写完以后再交给他校对，我采取的方式是在我写X章的时候，同时让编辑审核Y章。两个人分工合作，将终点放在中间点，这让我们能够更有效率地完成工作。

不论是公司内部的工作还是有客户参与的工作，与他人合作都必不可少。然而，这里的合作并不是接力。没有必要让所有人朝向同一个方向前进，更没有必要让所有人等一个人。

知识点

- 两人进行相向运动的“相遇问题”中蕴藏着能够提高工作效率的智慧
- 工作不是接力，工作的顺序和方向也不是绝对的

第二节

04 排除法

善用排除法，让工作事半功倍

一个答题节目中，主持人问两名答题选手他们回答的根据是什么。二人的回答如下：

> A充满自信地说："因为……（明确的理由），所以选项1是正确答案。"
>
> B看起来有点不好意思："我不知道这道题的答案什么，只能通过排除法得到选项1。"

正确答案正是选项1，两个人都答对了。然而，B明明通过**排除法**也成功得到了正确答案，但他却会觉得不好意思。

每当我在答题节目中看到这种情况，就会感觉到"排除法不是好方法"这种误解已经深入人心了。

其实在从事数学行业的人当中，没有人会看不起排除法。这是因为，**排除法其实正体现了数学思维。**

当然，能够给出明确理由的A的答案很完美。但是，也许他只是碰巧知道关于这道题的知识。也就是说，他的答案来源于知识储备。

另一方面，由于不具备相关知识，B无法明确说出答案，所以他采取了以下逻辑：通过排除法将不可能的选项一个个排除掉，选择最后留下的选项。可以说，他的答案来源于思维方式。

请你记住，**不知道答案，并不等于无法得出答案。**在工作中我们也会碰到没有正确答案或者有多个正确答案的情况。在这种情况下，排除法的思维方式至关重要。

下面，就让我们来看两道使用排除法的题目。

提问

5，37035，31这3个数字中，哪一个是3的倍数？

我们可以很快地得到答案：37035。在思考的过程中，没有必要真的用3去除“37035”，这是为什么呢？

这是因为，我们一眼就可以看出5和31一定不是3的倍数，那么根据排除法，答案就是剩下的那个选项。

让我们再来看一道稍难一点的题。

提问

已知1.4可以写作$\frac{7}{5}$。那么，$\sqrt{2}$是否也可以写作$\frac{X}{5}$？其中，X为自然数。

$\sqrt{2}$没有1.4那么简单，我们没法马上算出答案。那么，我们先假设这个自然数存在。

那么可以得到 $X = 5 \times \sqrt{2}$，等号两边分别平方得到$X^2 = 5^2 \times 2 = 50$。而我们知道$6^2 = 36$，$7^2 = 49$，$8^2 = 64$。也就是说，平方数等于50的自然数并不存在，所以这道题的答案自然就是“不能”。

如果你具备一定的数学知识，知道$\sqrt{2}$不是有理数的话，是可以很快得到这道题的答案的。不过，就算你不知道这一点，也可以通过上述的排除法推理出答案。在知识或经验派不上用场时，熟练使用排除法可以让你在工作中突破难关的成功率得到提升(虽然这并不容易)。

举个例子，假设你现在需要决定你所在的公司是否要开展一项新业务。考虑到你们的竞争对手也有可能进入这个市场，我们可以预测到可能出现的情况有以下4种。

A. 竞争对手和你的公司都开展这项业务。

→能够分到的蛋糕有限。

B. 只有你的公司开展这项业务。

→你的公司独享蛋糕。

C. 只有竞争对手开展这项业务。

→竞争对手独享蛋糕。

D. 谁都不开展这项业务。

→没有人能分到蛋糕。

如果你的公司不开展这项业务的话，万一竞争对手占得先机，公司就会蒙受很大的损失。因此，我们可以排除C和D这两种选项。只要开展业务，起码不会出现损失。但是，可以推测到你们的竞争对手也会这么想，所以他们肯定会开展这项业务。那么，剩下的选项中B就不可能发生。

最后剩下的只有A，也就是说两家公司都会考虑到A这种情况，开展业务。

就像这样，在企业做出战略决策的时候，排除法其实并不少见。这种逻辑思维方式正是一种被称为博弈论的数学领域的理论之一。

由于使用排除法时我们无法给出一个明确的理由，不少人因此对它抱有负面印象，认为它缺乏“美感”，但事实并非如此。恰恰相反，对于商务人士来说，排除法是一种强有力的武器。从明天起，请开始充满自信地、堂堂正正地使用排除法来解决工作中的难题吧。

知识点

- 不知道答案不等于无法得到答案，不要轻言放弃
- 在知识和经验派不上用场时，试试排除法吧

第二节

05

折纸问题

从目标倒推，将问题化繁为简

我有一句口头禅："我们来逆向思考一下……"不过，对于"逆向"的理解是因人而异的。比如，爱耍小聪明的小学生A喜欢先偷看一眼答案再做题，说实话这也是一种逆向思考。那么，数学中的"逆向思考"是怎么一回事呢？让我用一道折纸问题来给出解答。

提问

如图所示，将一张正方形的纸对折2次之后，剪下涂有颜色的部分。在重新打开这张纸之后，这张纸会变成什么图案？

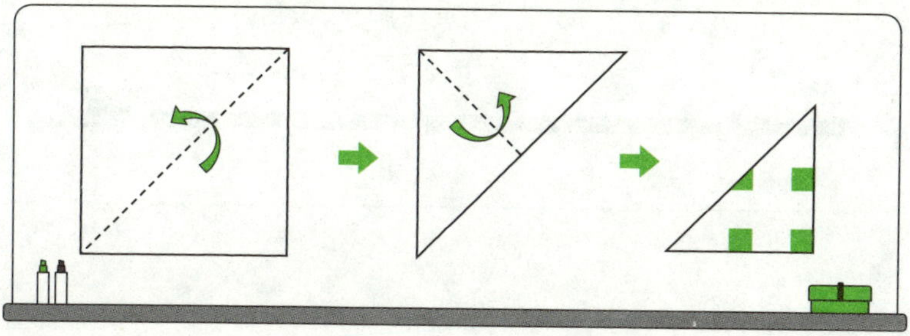

针对这道问题会出现两种解题方式。

A的解法：

在脑海中把剪完以后的纸从四分之一打开到二分之一，再从二分之一打开成原来的正方形……

B的解法：

从最初的状态着手：折2次代表这张纸被分为了4个部分，而最后的状态是其中的1个部分。因此，图案应该是这样的。

大家看出这两种思路有什么不同了吗？

A的解法是按照正常的顺序，从起点出发朝着目标前进。看起来没什么问题。

但是，如果真的这么做的话，我们会发现这是摸着石头过河，走一步看一步。

也就是说这种解法的着眼点，在“眼前”。

而B的解法却恰恰相反。

首先从最初的状态着手，换言之，**从目标开始逆向思考**。只要理解了这张纸的结构，就能发现答案其实近在眼前。这种解法的着眼点，在“终点”。

这两种解法的差别难道仅仅会出现在这道题里吗？不对。我不仅在工作中，而且在生活中都有这样的感想：能干的人果然都懂得逆向思考。

举个例子。我有时会为了放松去推拿按摩。

在按摩开始前，店员问我的问题大概可以分为以下两类。

> 今天您哪里不舒服？
>
> 按摩完您想达到什么效果？

可以看出，前者的问法可以说和A的解法相近，而后者则和B类似。相比于前者，问后者这类问题的按摩店更能令我感到安心。

这是因为，店员能理解我的最终目标是什么的话，我就更有理由相信他能够给我提供最合适的服务。这个道理放到职场上也是一样的。

知识点

- 从折纸问题的解法可以看出一个人解决问题的思维方式
- 从目标出发考虑问题对工作大有好处

第二节

06

概率（1）

用“置换”将复杂的事物变简单

能将一件事物表述清楚的人和言不达意的人之间的差距在哪里呢？

在听不同的人解释同一件事物的时候，我们会发现有的人的讲解很好懂，而有的人则相反。他们之间的差距在于：

是否擅长打比方。

打比方的关键就是**将要解释的事物置换为更方便他人理解的事物**。那么接下来，就让我们带着“置换”的思路来看下面这道题。

提问

在看时钟的时候，分针指向4～7之间的概率是多少？

首先，我们来回顾一下**概率**是什么。

概率=（可能发生的特定情况的数量）÷（可能发生的所有情况的数量）

拿大家都熟悉的骰子来说，扔一次骰子出现1的概率是多少呢？相信大家都会轻松地回答出是$\frac{1}{6}$。没错，出现1的“特定情况”的数量是1，而可能发生的所有情况则有出现1、出现2、出现3、出现4、出现5、出现6的6种。

根据概率的定义计算可以得到$\frac{1}{6}$这个答案。

让我们回到问题里。在这道题中，“可能发生的所有情况”是否就是分针指向0～59之间的任意1个数字，即一共60种呢？

“没什么把握，再仔细想想吧……”我们一旦陷入这样的想法中，可能花再长时间也定不下拿什么作为分母。

碰到这种情况的时候，我们可以试试**置换**。

在这里，可以把时钟置换成一个圆形。

题里所描述的情况就是图里的区域1，刚好占圆周的$\frac{1}{4}$。而我们知道时钟的针永远都以相同的速度旋转，因此可以得知分针处在其他区域的时间也是相同的。

到这里我们就会发现，这道题其实就是让我们计算这个部分的圆周占整个圆周的比例是多少。

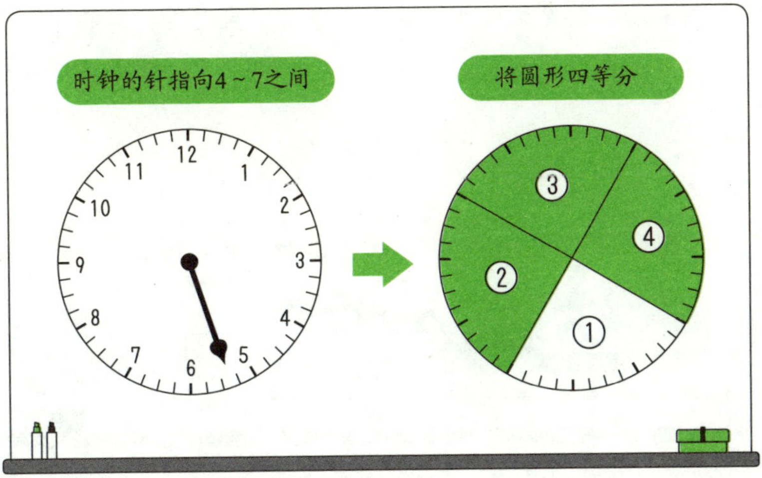

答案是$\frac{1}{4}$。

我们通过将概率问题置换为圆周问题得出了答案。这个答案大家凭直觉也能知道是对的，不过以防万一，我们可以再套用概率的公式来计算一遍。

时针分别处于区域1～4的情况是一样多的，所以时针处于区域1的概率可以这样算：

可能发生的所有情况=区域1、区域2、区域3、区域4

特定情况=区域1

综上可得，概率是$\frac{1}{4}$。像这样，**在迷宫中失去方向的时候，我们可以思考一下有没有和这个迷宫具备相同结构的别的事物。**

在讲座中我曾经出过一道题，以初中生也能理解的方式给大家讲解利息中的单利增加模式。当时有人在回答中将单利比喻为台阶。

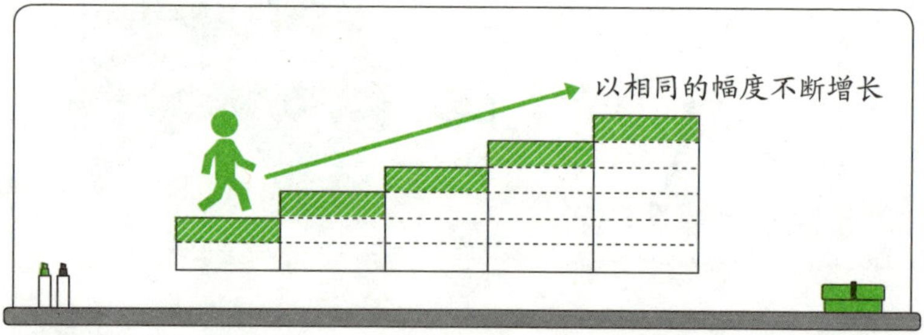

满分。这个思路从数学上的置换来说，可以说是完美的。

要知道，讲解不是讲给自己听，而是讲给他人听的。我们需要学会站在对方的立场上，巧妙打比方来让自己想要表达的内容变得更好懂。

知识点

- 努力提高自己打比方的水平，能够让你的讲解能力得到飞跃性的提高
- 将复杂的事物置换为具备相同结构的其他事物，这一思维方式在工作中也有用武之处

第二节

07 比例面积图

用“四边形”让“乘法”变得直观

在前文中我提到过，擅长打比方的人都善于将想要解释的事物置换为其他事物。

在这一小节里，我想再和大家讲讲置换。

还有一种常用的置换技巧，就是“**将乘法置换为四边形**”。

提问

A公司的员工中有75%是女性，其中90%是日本人（剩下的是非日本人）。B公司的员工中有15%是女性，其中50%是非日本人。请问这两家公司里非日本女性员工占全体员工的比例是多少？

常规的计算方法是这样的：

A：0.75×（1−0.9）＝0.075　　即非日本女性员工占7.5%

B：0.15×0.5＝0.075　　即非日本女性员工占7.5%

接下来让我们进入正题。

“A和B都是7.5%，所以它们没有区别。”

令人意外的是，有不少商务人士会给出上面的结论。

在课堂里这当然是正确答案。但是从商务角度来说，这个答案只能给0分。

这是因为，这两家公司的情况其实有着不小的差别。我们通过下面的方法就可以让这个差别变得显而易见。

这个方法就是用**四边形**来置换。

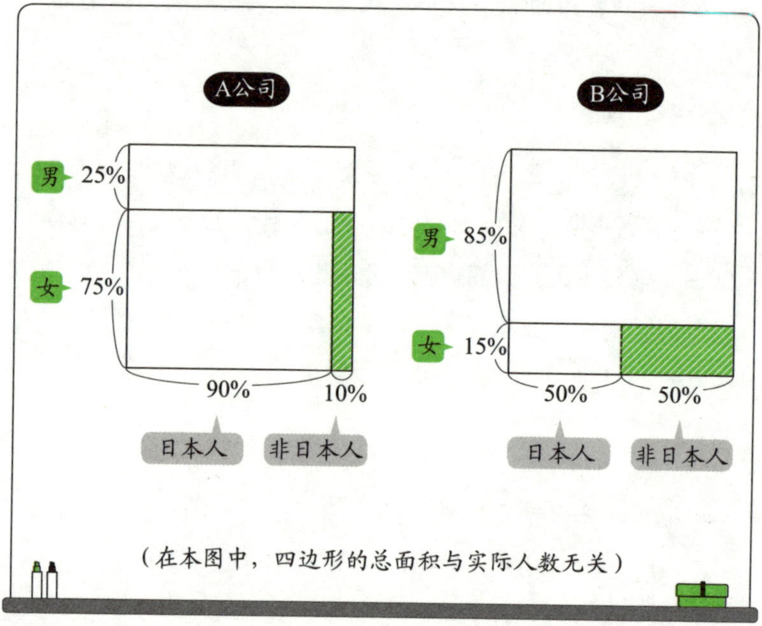

通过推测我们可以知道，A公司虽然积极录用女性，但是对于别国女性的态度却比较消极；

而B公司虽然整体来说对于录用女性不那么积极，但是对于非日本女性的态度却比较开放。

因此，我们可以推测得知，如果A公司和B公司的规模（员工人数）相近的话，那么别国女性员工人数更多的可能会是B公司。

现在，你应该明白我为什么说之前的答案从商务角度来说是0分了吧？

让我们再看一个例子。

在刚才的例子中，我们通过“男和女”以及“日本人和非日本人”这两个分类将四边形分割为了“2×2”的4个部分。

接下来，就让我用上班族熟悉的商务午餐举一个例子。具体来说，就是“松”“竹”“梅”三种套餐，再配上布丁、酸奶、抹茶冰激凌中的任意一种作为甜点。

在刚刚提到过的A、B两家公司的员工食堂分别上架了上述套餐之后，我们得到了以下的结果。

	A公司	B公司
松套餐（主要面向男性的大分量套餐）	10%	50%
竹套餐（日式便当风格套餐）	40%	10%
梅套餐（注重健康的沙拉套餐）	50%	40%

A公司里点了竹套餐的人之中，有20%选了布丁，20%选了酸奶，60%选了抹茶冰激凌。

B公司里点了竹套餐的人之中，有40%选了布丁，40%选了酸奶，20%选了抹茶冰激凌。

结果可以总结为下图：

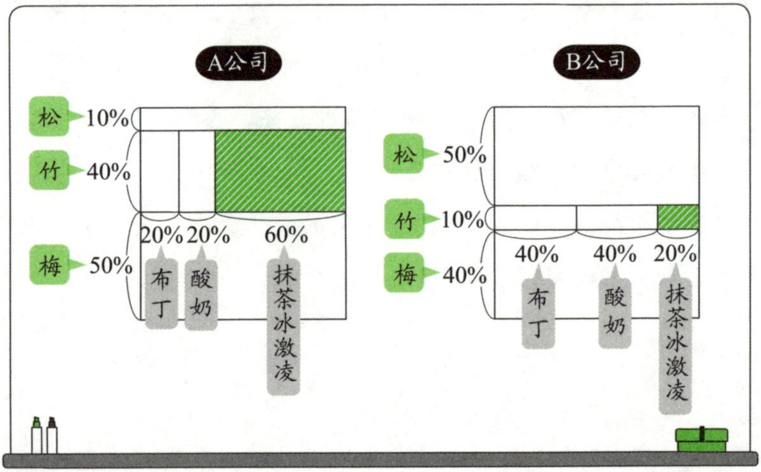

由此，我们可以得出以下结论：

在女性员工比例较高而非日本员工比例较低的A公司里，选择竹套餐+抹茶冰激凌的人更多。

在男性员工比率较高且非日本员工比率较高的B公司里，选择竹套餐+抹茶冰激凌的人较少。

在日常生活和工作中用到的数字的背后，我们常常需要用到**乘法**。大家在进行分析，或者进行讲解的时候，用面积图（四边形）的方式来表示乘法一定能让你的思路显得更直观。

知识点

- 置换能力是能干的商务人士的共通点
- 用四边形表示乘法是一种能让乘法变得更直观的常用手法

第二节

08 速度问题

你有没有站在听众的角度上使用数字

这种洗发水年销1000万瓶！

这种洗发水每3秒就能卖出1瓶！

这两句我们在电视广告或者地铁广告中耳熟能详的广告词想要表达的中心思想其实是一样的。不过它们的实际效果又如何呢？

如果你是这家公司市场部负责人的话，你又会怎么区别使用它们呢？其实，我们在小学数学里已经接触过类似的题目了——速度问题。

36千米/时＝36000米/时=600米/分=10米/秒

（每小时36千米）（每小时36000米）（每分钟600米）（每秒10米）

这些说法代表的速度都是一样的。而这里用到了“平均”的概念这一点也无须赘述。

也就是说：

平均1小时前进36千米	
平均1小时前进36000米	（乘以1000）
平均1分钟前进600米	（除以60）
平均1秒前进10米	（除以60）

在这里，我想问大家一个问题。

在这几种说法中，最直观的是哪一种呢？

换言之，哪种说法最能让你想象到实际的速度呢？

回答最后一种——即10米/秒的人应该会是最多的吧？全世界跑得最快的百米飞人的每秒能进11米（约9秒跑完100米），将这个速度换算为时速是40千米。由此，我们就能知道例子里的速度有多快了（当然，常常开车的人可能反而会觉得36千米/时最好理解）。

在工作中我们经常需要做讲演。讲演内容中如果有数字的话，大家可以注意**将数字换算成听众容易理解的单位**再进行传达，而不是看着稿子照本宣科。

我在商务数学讲座中，常常会情不自禁地着力提醒大家这一点。在讲演中要“多用数字”这一点自然不必多说，但是大家有没有只停留在了“多用数字”这一步呢？

关键在于你的**听众**是谁。

用刚才的例子来说，如果你的听众是常开车的人的话，你就应该用“36千米/时”。这才是**让听众更容易理解的数字**。

有这样一个实际事例。

我在给一家公司开商务数学讲座的时候，出了这样一道题：“请你用初中生也能懂的方式来展示贵公司的业绩有多么令人自豪。”有一个刚进公司的年轻人用了下面这种方式。

“请大家跟我一起进行一次深呼吸！没错，在我们深呼吸的短暂的时间里，我们公司的销售额已经增加5万日元了！这就是我们的业绩！”

他的这一番回答让人印象深刻，也让会场充满了掌声和笑声。听了这段话，连初中生都能够感受到这家公司的过人之处。

要将“想要传达的数字”，换算成“方便听众理解的单位”。

这种换算是锻炼大家的数字直觉的最行之有效的手段。

最后，我想让大家一起再来做一个练习。

“请在15秒之内，用连初中生都能理解的方式，介绍你现在着手的工作有多厉害。”

如果是我的话我会这样说：

“我的数学课上多的时候会有200～300名学员，这个人数大约是一个班级的10倍。其中有不少大学生或上班族原本不擅长数学。不过，我每次都下定决心，一定要让所有学员都感到‘从来没有上过这么有趣的数学课’。”

数字并不一定算得越精确越好。我采用这种说法，是因为对于初中生来说，没有比用班级的人数作为单位来解释更直观更好懂的了。

知识点

- 速度的单位换算中，隐藏着讲演的一大诀窍
- 使用数字时，不要仅仅列出数字，还要根据听众改变数字的表达方式（单位）

第二节

09

四则运算（1）

请给出运算方法，而非运算结果

加法、减法、乘法、除法。理解它们各自的运算符号和运算法则并算出答案，这是我们在学校学过的四则运算的内容。

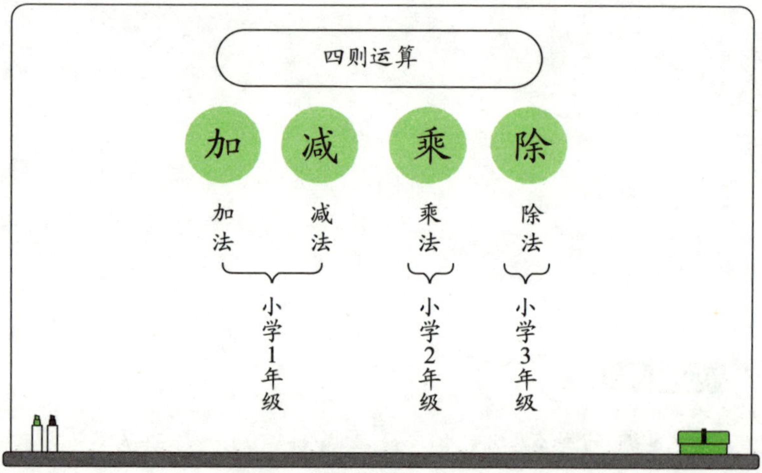

而在我的讲座中，四则运算题是下面这样的。

提问

3☆5 ⇒ 8　　请问☆是什么？

4★2＝90　　请问★是什么？

应该会有不少人回答☆是加法。

但是，重要的是能够想到可能还有别的答案。比如说它可以代表用前面的数字3的6倍减去后面的数字5的2倍。

$$3\times6-5\times2=18-10=8$$

同样的，★可以代表用前面的数字4的25倍减去后面的数字2的5倍。

$$4\times25-2\times5=100-10=90$$

或者再提高一点难度，把4和2看作幂的指数的话，就可以得到下面的答案。

$$3^4+3^2=(3\times3\times3\times3)+(3\times3)=81+9=90$$

这几种思路和学校里学的四则运算的区别在于，**答案和过程的关系**。

我的讲座上常常会出现这类题目，先给出答案，再让学员们回答运算的过程。这种使用逆向思考的四则运算，更能锻炼对于商务人士来说至关重要的**想象力**。

在实际工作中也是如此，答案不会只有一个。在讲座中，我会让大家在给出的答案中选出哪个最有独创性。

销售额、客户数、利润额、员工薪酬。在工作中几乎所有的任务都是有一个目标值的（从数学上来说就是答案）。为了达到目标值，我们需要从不同的角度出发想办法（从数学上来说就是解法），再从中选取一个最优解。这里的思考过程和在我的数学讲座中会用到的思考过程，其实是相通的。

要记得，得到答案的方法不是唯一的。**请大家养成随时准备多个方案的习惯**。

在我的商务数学讲座上进行的小测试中，使用给定的条件就能算出答案的简单计算题所有人都能做对。但是，如果是“请尽可能多地写出能够得出这个答案的解法，正确答案不止一个”这类问题的话，就会有不少人没办法填满答题栏。

说得不好听一点，就是只会“动手”，而不会“动脑”。

我认为，从一个人怎么解这类的题里可以看出他（她）在工作中是否勤于“动脑”，从而得知他（她）对于工作的态度是怎样的。

我衷心希望，大家都能够成为在工作中勤于动脑的人。

知识点

- 练习做先给出答案的四则运算题可以培养人的想象力
- 工作就是从结论出发思考解法

课后练习题

问题1

有一项把数据录入电脑的任务需要完成。A需要6小时可以做完，而B的工作速度是A的2倍。

问：怎样才能尽快完成这项任务？完成这项任务需要多少时间？

问题2

飞机的飞行速度是900千米/时。请用小学生都能理解的方式，解释这个速度有多快。

问题3

已知3=○－■，且○和■都是非负整数（不为负数的整数）。请列举出几组○和■对应的数字。

另外，假设3是利润，○是销售额，■是成本，请给出能让利润计划的风险最低的○和■的组合。

第三节

别凭感觉，凭逻辑

你有没有在不管怎么思考都想不出答案的时候，仅凭感觉做出没把握的决定？

如果能够利用数学思维进行思考的话，在这种情况下你也能够“有逻辑地”得出自己的结论。

听到“逻辑思维”这四个字，也许不少人会以为接下来要出现天书一般的内容了吧？但是，我们要用到的内容依旧十分简单。

毕竟，本书用到的知识，是不会超出初中数学水平的。

第三节

01

推算
如何计算无法实际测量的数字

在我的讲座上，有一类问题常常在让气氛变得热烈的同时，也让所有学员感到头疼。

提问

在今天这一天之内，全日本有多少名男性进行了求婚？

不管你多擅长数学，这世上还是会有非常多的数字是你无法实际测量，也因此无法计算的。

大家经常误以为，既然这些数字无法实际测量，再怎么思考答案也是白费力气。

不过，我们可以通过预测尝试推算出大概的结果。接下来，就让我们一起来试试推算下面这道题的答案吧。

首先，我们以每年有多少对新人为出发点来计算。

方法A

首先，我们认为一年里日本国内的结婚登记数和求婚数应该是接近的。这是因为，正常来说求婚基本上只会有一次。2011年日本厚生劳动省[1]的统计结果显示，该年度的结婚登记数大约为67万。

将这个数字除以365，得到的结果约等于1800。根据这个平均数来说，今天一天就有1800对新人步入了婚姻的殿堂。

670000÷365≈1800（1天内结婚的新人对数）

因此，我们可以推算得出今天求婚的男性的人数也约为1800人。

接下来，让我们通过日本国内的订婚戒指销量来计算。

方法B

首先调查日本一年里订婚戒指的销量是多少。根据统计，2011年日本订婚戒指的总销售额是927亿日元，而平均每枚订婚戒指的价格是24.8万日元[2]。简单除一下，可以得知每年售出的订婚戒指大约有37.38万枚。

1 译者注：日本政府机构之一，主要负责医疗卫生和社会保障。

2 引自《2012年版宝石/贵金属市场年鉴（市场分析篇）》（矢野经济研究所）。

92700000000÷248000≈373800（1年内售出的订婚戒指枚数）

将这个数字平均到每天可以得到：

373800÷365≈1024（1天内售出的订婚戒指枚数）

也就是说，1天内订婚戒指的销售枚数大约是1000枚。不过，考虑到结婚中包含了再婚——这部分人不会再购买订婚戒指；此外，也有一些初婚的人是不买订婚戒指的，我们可以将1024这个数字适当地增加10%，即可推算得出今天求婚的男性人数约为1100人。

日本总人口数是1.2亿，以这个数字为基础来看的话，我们得到的这两个推算值已经相当接近了。在进行推算的时候，主要的评判标准是位数是否正确。对于一种本身就不是用于计算精确答案的手法来说，这样的准确度就已经足够了。通过这两个结果，我们最终可以得出约1500人这个结论。

商务中，在准备进军新市场，开展新业务的时候，我们需要推算市场规模和目标客户数量。在这时，这种思维方式会是一门强大的武器。

虽然这是一种高级的数学思维方式，但是它依旧不需要高中及高中以上的数学知识。

这正印证了我之前说的那句话：数学思维，只需要小学和初中的数学知识。

知识点

- 如果没法实际计算或测量的话，尝试“推算”吧
- “推算”的关键在于寻找一个数量相近且可以计算的替代品

第三节

02

数据化

用数学改变店铺的布局

在前言中我提到过，我曾经在服装店做过销售员。当时，我和其他店员一起轮流站在店门口向顾客打招呼并且宣传商品。与此同时，我们还有另一项秘密任务：偷偷地记录进入店内的顾客人数。

虽说上级的安排肯定要服从，但是我其实一开始对于记录顾客人数这件事其实是持怀疑态度的。不过，逐渐地我就能够理解这个数字对于促进销售有多么关键了。

当时那家店一共有三层，合起来有七台收银机。根据收银记录和记录下的顾客人数，我们就能够大概了解顾客们在店里的活动轨迹，也能够知道有多少顾客进来以后只是逛了逛，没有实际购物（在这里不考虑一名顾客分两三次结账的情况）。

某天的顾客人数和每台收银机的收银次数

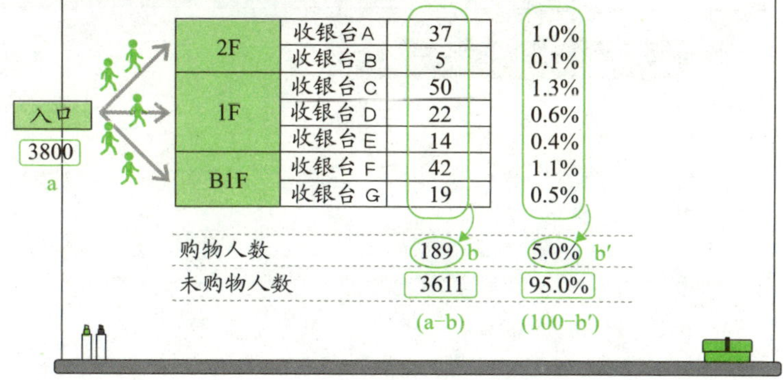

仅仅通过把握走进店里的顾客人数这一个数字，我们就可以获取这样一连串的信息。从数学上来说，这就是确定了**比例**的分母。

工作了一段时间，我向上级提议我们可以同时记录每小时每层楼的顾客人数。这是因为，如果我们能在来店人数的基础上再知道每层楼的顾客人数的话，就能进一步促进销售。

这是因为，这样一来我们就能够掌握“**变化**”了。比如说，我们可以掌握下午六点以后二层的顾客会增加，或是上午会有更多顾客在地下一层购物等变化的情况。

把握了数字的趋势之后，店家就能够相应地采取最高效的员工分布和排班方式。

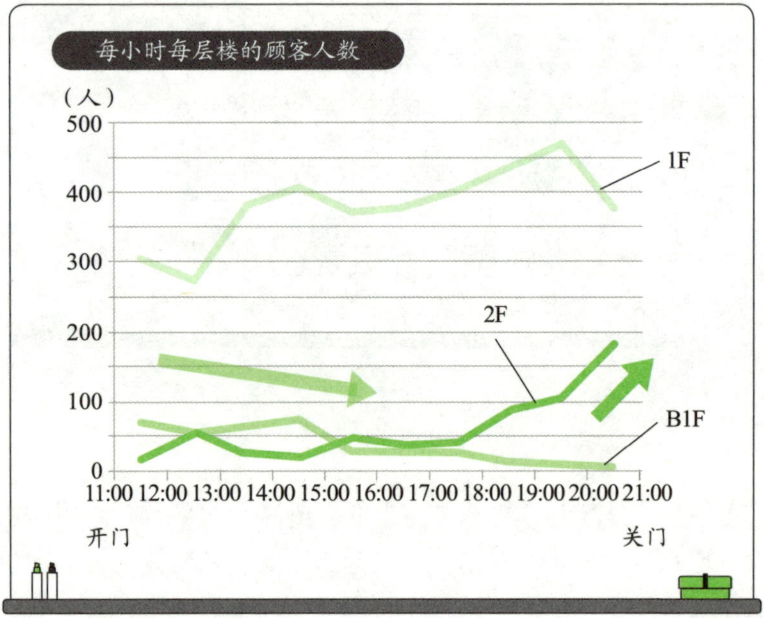

当时，我们店就借此适当地调整了自动扶梯的上下行设置。比如说，在地下一层顾客较多的上午将一层入口附近的扶梯设为下行，而在傍晚以后将其改为上行以方便顾客去二层。此外，考虑到雨天里顾客有仅在一层停留的倾向，我们就将主打搭配的展示点从二层挪到了一层。就像这样，我们变得可以更随机应变地调整销售策略。

我相信，大家都已经非常熟悉“数据化”这个话题了。

不过，我们需要再进一步，思考具体来说“**如何数据化**”这个问题。我当年给时装店的提议，其核心在于为了“更清晰地把握顾客的行动轨迹”，“记录每层楼每小时的顾客人数”。

在数据化的过程中，我们需要有意识地从数字中获取“比例”和“变化”的信息。这绝非听起来那么困难，不夸张地说，从现在就能做起。

借此，我们可以运用简单的数学来探索最高效的店铺布局和员工排布方式。说得更“高大上”一点：数字是可以将一切事物的动态可视化的强力工具。

知识点

- 一次数据化可以让我们发现一连串的信息
- 数据化可以让我们将“动态”可视化

第三节

03

转换为计算式

尝试将想要表达的内容“公式化”

我们都知道，想要将复杂的事情解释得简单并不容易。对于我这样的讲师来说尤其重要。在商务中也是如此，仅仅自己理解是远远不够的，我们需要**将自己的主张和意图，转换为所有人都能轻松理解的方式**再进行传达。

数学思维大显身手的时候到了。

让我们来看一个例子。有一个比我更资深的顾问曾经用下面的公式解释市场营销。

销售额＝商品×（招徕顾客＋接待顾客）

这个公式看起来很不错吧？在商品本身水平的基础上，将招徕顾客的水平和接待顾客的水平这两个因素纳入考虑就能得到销售额。市场营销的关键一目了然。相比于摆出理论长篇大论地解释，这个公式更简洁好懂，也更能够让人信服。

在这里我想要强调的是，有时候事无巨细地解释到口干舌燥，还不如**闭上嘴写下一行公式更方便对方理解**。

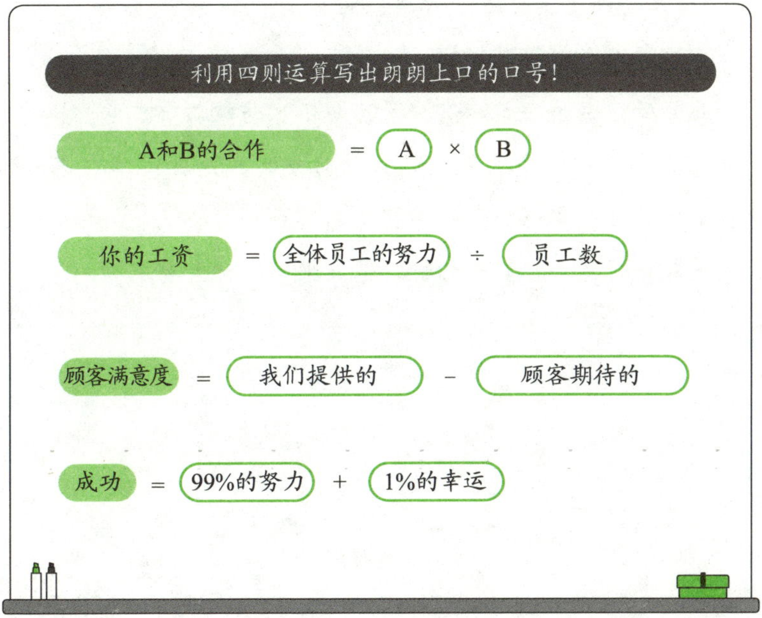

在数学里常见的四则运算不仅仅能够用来计算数据，还能够用来表现各种各样的事物。

再介绍一个我在给电子商务从业者做的市场营销讲座上用过的公式。

订单=期待−不安

这个公式想要表达的信息是，在顾客没法看到实物的电子商务中，在向顾客展示商品魅力的同时，也需要努力减轻顾客感到的各种不安和可能承担的风险。如果“不安”超过了“期待"，顾客是一定不会下"订单"的。

表达的信息越简洁越好。

越简洁，每个字就越有分量，越不容易被曲解本意。

大家在工作中想要表达什么的时候，或是在讲演中想要传达什么的时候，不妨尝试一下将信息写成一行公式。

我相信，这一定会让你的表达效果和以往大有不同。

知识点

- 计算式除了能用在计算上，还可以用在讲演和谈判中
- 将想要表达的内容转换为简洁的公式会更好懂

第三节

04

数字与心理

如何区分使用比例和实际数字

“多用数字！”

在培训和商务书籍中，我们常常可以看到这句话。

说实话，这句话已经是老生常谈了，可能大家看到以后都会说：“这谁不知道呢？重要的是怎么用吧？”

那我们就来看一个例子。

下面的两个数字，都引用自某化妆品品牌的官网。

☆顾客满意度高达97%！

☆共842名女演员、模特、艺人、女主播爱用本产品！

请大家注意这里对于数字的区分使用。

我们先来看97这个数字。如果这家公司给出的是顾客的总人数，对于普通消费者来说是感受不到是多还是少的。所以这里用了比例来表现这个非常好看的数字。再回过头来看842这个数字，不知道全日本合起来有多少名女演员、模特、艺人、女主播呢？我们就假设是3000名（实际上只会更多）的话，按照比例来算支持率是28%。看到这个数字，应该是不会有人觉得“哇，支持率好高啊”。

我们应该根据以下原则决定如何区分使用比例和实际数字。

不知道分母是多少的时候 → 用“比例”来表达

大概知道分母是多少的时候 → 用“实际数字”来表达

2012年12月25日的日本经济新闻早报中有一篇新闻提到，根据全美国零售业协会的推算，圣诞购物季（12月22日至25日）的消费额中有40.7%来自网络购物。由此可见，在美国，网络购物十分流行。

我们应该都不太清楚美国的消费额是什么水平吧？

因此，这里如果给出的是网络购物的消费额的话，大家读了也只是一头雾水而已。这正是这篇新闻用了40.7%这个比例的原因。

顺便一提，有一位著名的心理学家曾在电视节目里这么说过：

“带有负面意义的数字越精确就越能引发人们的危机感。”

✓本公司提供的服务的顾客满意度为90%

×本公司提供的服务的顾客满意度为89.9%

想传达顾客满意度这样的正面信息的话，用的数字粗略一些更好。这是因为，精确的数字给人留下的印象也没什么不同。

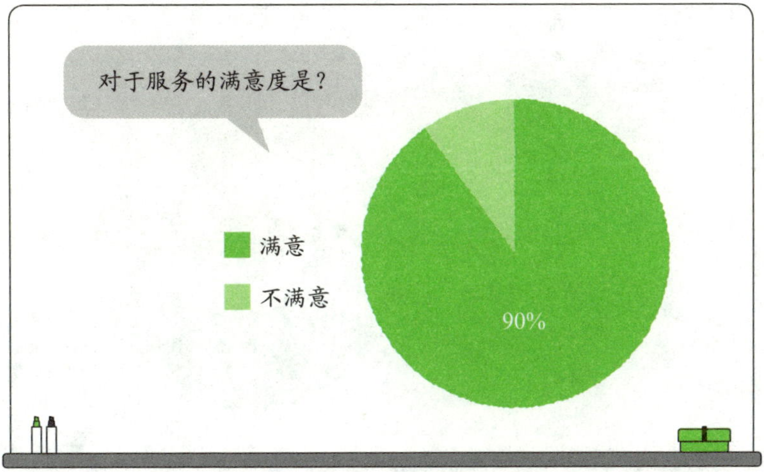

✓癌症患者的死亡率为 89.9%

×癌症患者的死亡率为 90%

要是想要传达疾病的死亡率这样的负面信息的话，数字越精确，看起来可信度就越高，也就越能够让人感同身受。

我们仔细回想一下就能发现，失业率这类的负面信息用的数字往往比较精确。当然，这不是数学知识而是心理知识。不过我确实也常在讲座上使用这个技巧。

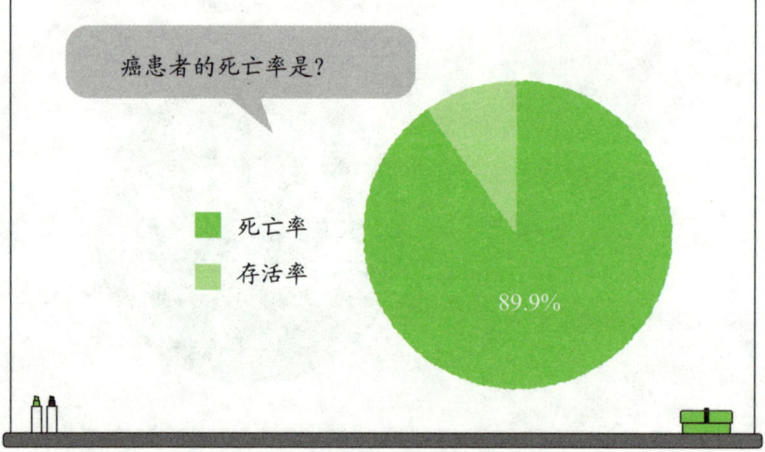

数学是“使用数字的学问”，这不必多说了。

不过老师只会教授这门学问的理论知识，却不会教授数字的使用方法——说得酷一点就是**如何“操纵”数字**。

我认为，在生活中这个技能也是极为关键的，它也完全算得上是数学的一部分。我提到过在向他人展示数字这一行为中存在着“思维方式”。这就是一个很好的例子。通过掌握“思维方式”，我们可以有效地提高自己在演讲中的说服力。

因此，我建议大家可以多多关注报刊中的数字，这会是一种训练如何“操纵”数字的好方法。

知识点

- 使用数字的时候，要多想想应该用比例还是实际数字
- 擅长使用数字的人，一定能熟练掌握基本的“思维方式”

第三节

05 四则运算（2）

通过一个问题看出你的工作态度

通过下面这道题，我可以看出你对于工作的态度是什么样的。

提问

$1872 \times 5 = 1872 \times 10 \div 2 = 18720 \div 2 = 9360$

这种计算方法的优点是什么？

一般来说会有下面两种回答。

A. 计算会变得轻松

B. 会变得不容易出错

这两个答案都没错。

不过，如果你是一名商务人士的话，我更希望你回答B。

这是为什么呢？

也许有人会说：“这两个答案，说的难道不是一回事吗？”二十多岁的我很可能也会这么想。但是，它们之间有着根本性的区别。

A.认为重要的是如何轻松地算出正确答案

B.**认为重要的是不因为粗心出错**

当然，这两件事都很重要。不过要知道，粗心带来的错误会给商务造成巨大的损失。体育赛事也是如此。在一场比赛的最后的胶着时刻，解说员常常会说：“接下来就要看谁先犯错了。”没错，不论是赛场还是职场，犯错往往是致命的。犯错和失败是不同的。尝试新的挑战的时候，我们不能畏惧失败；但是，我们需要打起十二分的精神，让自己不要因为粗心而犯错。

我知道有人会反对，但是我还是要说：计算速度快并不是好事。我这么说并非否认这种能力，而是想要告诉大家我们需要时刻牢记，**重要的不是算得快，而是不出错**。

这是因为思考在日常工作中怎么能够不犯错、有什么地方可以改善，是商务人士的一门必修课。

能够理所当然地进行这种思考的人，自然就不会在关键时刻掉链子。

顺便一提，开头部分的这道题是一道“印度式数学”的例题。印度这个国家非常重视数学教育，而他们的数学教育的一大特征就是——学习不容易算错的算法。

最近有不少人认为印度式数学主要长于速算，甚至我身边也有一些人这么认为。而实际上，努力不算错才是印度式数学的基本理念。

知识点

- 在计算中，“不出错”比“算得快”更重要
- 在工作中，请时刻思考如何能够不出错

第三节

06

换质位法

倒过来以后否定

提问

“这家公司的男员工都是帅哥。”

请用不同的方式表达和这句话相同的意思。其中，必须使用“这家公司”“男员工”“帅哥”这三个词语。

一种正确答案是：“不是帅哥的话就不是这家公司的男员工”。

我们是怎么得到这句话的呢？

首先，假设男员工为A，帅哥为B，那么原句就是“若A则B”。

而第二句话则可以写为“非B则非A”。也就是说，**通过将原句倒过来以后否定前后双方，我们就可以得到一种代表相同意思的不同表达方式**。

在数学中，这种思维方式被称为换质位法。

有时候，尽管表达的是同一件事情，不同的表达方式给人带来的印象和说服力却大有不同。

相比于“没有被分配到新部门的人都不够优秀”，直接说“因为你优秀才把你分配到了新部门”更让人开心。

在这一小节中我想告诉大家的是，**“若A则B”还有另一种表达方式**。如果你能够养成习惯，在说话之前花一点儿时间思考哪种更合适的话，你的交流能力一定会有所提升。

接下来，就请应用这种“思维方式”，完美解决下面这道题吧！

提问

假设下面的（1）（2）（3）都是正确的，请问A、B、C三人谁说的是实话？

（1）时刻注意成本的人加班少

（2）时刻注意成本的人打印的纸张少

（3）上班晚的人加班多

A：“加班少的人时刻注意成本。”

B：“加班多的人打印的纸张多。”

C：“时刻注意成本的人上班早。”

这道题看起来有点复杂，不过我们其实只需要想得简单一点就可以了。

（1）时刻注意成本 → 加班少

（2）时刻注意成本 → 打印的纸张少

（3）加班少 → 上班早（倒过来否定！）

这三个人说的话看起来都像是对的，但是我们能够发现A和B的话是有问题的。这时候，如果我们将（1）和（3）组合起来再使用三段论的话，就可以知道C是正确。其实，在我教过的正在准备企业笔试的大学生里，会做计算题但是对于这类题感到棘手的人也不在少数。

运用数学思维，我们就可以非常轻松地解决一些乍看之下盘根错节的问题，而其过程就像是抽丝剥茧一般。

知识点

- "若A则B"这种论述还有另一种表达方式
- 思考倒过来，否定以后能够获得怎样的表达

第三节

07

流程图

利用流程图进行诱导

请看下图。

一个小球从上端滚下，最终落入A到D的其中一个盒子里。

看起来有点像小钢珠游戏，是不是？

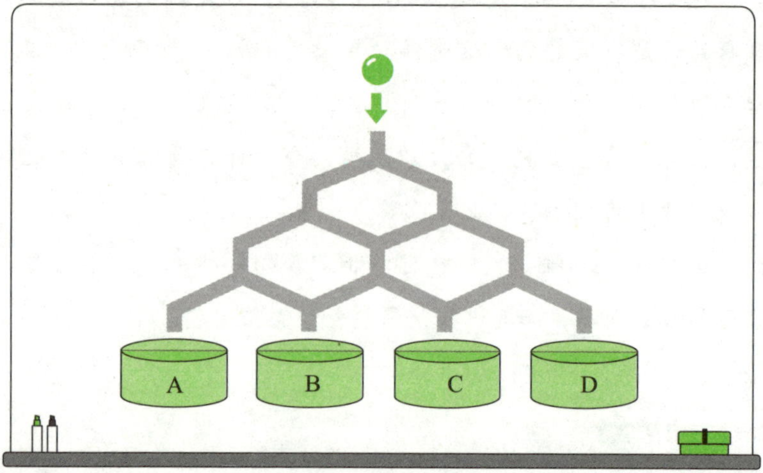

问题来了。

提问

请问小球落入A～D的概率分别是多少？

小球滚向左侧（或右侧）的概率当然是$\frac{1}{2}$。

因此，落入A的概率是

$\frac{1}{2}\times\frac{1}{2}\times\frac{1}{2}=\frac{1}{8}$。

那么，落入所有的箱子概率都是$\frac{1}{8}$吗？不是的。这是因为落入A或者D的路线都只有沿直线下落这一种，而落入B或者C的路线则有3种，因此其概率是$\frac{1}{8}+\frac{1}{8}+\frac{1}{8}=\frac{3}{8}$。综上可得，

$A=\frac{1}{8}$　$B=\frac{3}{8}$　$C=\frac{3}{8}$　$D=\frac{1}{8}$

把所有的数字加起来可以得到$\frac{1}{8}+\frac{3}{8}+\frac{3}{8}+\frac{1}{8}=\frac{8}{8}=1$，合起来也没问题。

接下来让我们进入正题。

如果你想把落下的小球送给小朋友们的话，你会让他们在哪个盒子前面等着呢？当然是B或者C吧。

也就是说，**在商务活动中，如果你知道你的客户想要什么的话，引导他走向他的需求是十分重要的。**

具体来说，就是大家都很熟悉的流程图了。

比如说一家向其他企业销售系统的公司，常常会使用下面这样的流程图。

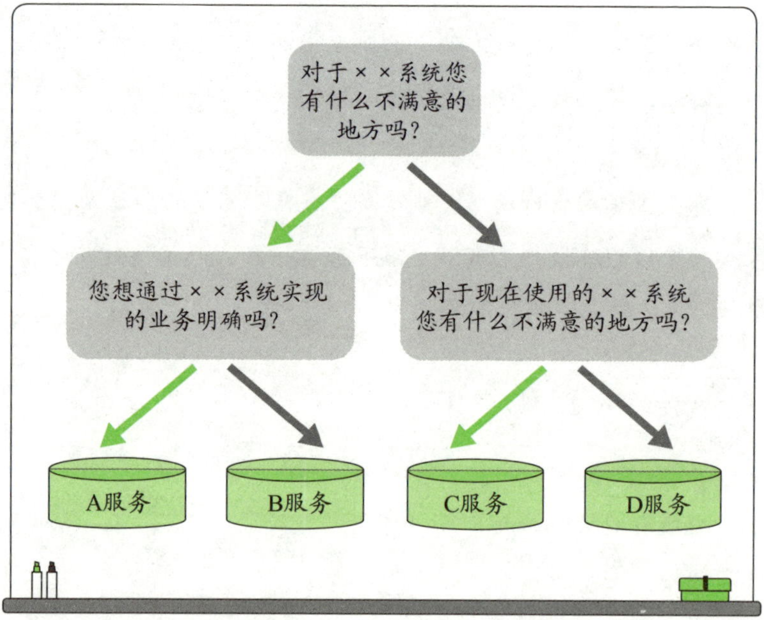

将一个客户针对这3个问题回答YES或者NO的概率数据化之后，我们就能算出这个客户使用这个流程图最终到达各种选项的概率。

$$客户最终到达A服务的概率=\frac{1}{2}\times\frac{1}{4}=\frac{1}{8}$$
$$客户最终到达B服务的概率=\frac{1}{2}\times\frac{3}{4}=\frac{3}{8}$$
$$客户最终到达C服务的概率=\frac{1}{2}\times\frac{3}{5}=\frac{3}{10}$$
$$客户最终到达D服务的概率=\frac{1}{2}\times\frac{2}{5}=\frac{1}{5}$$

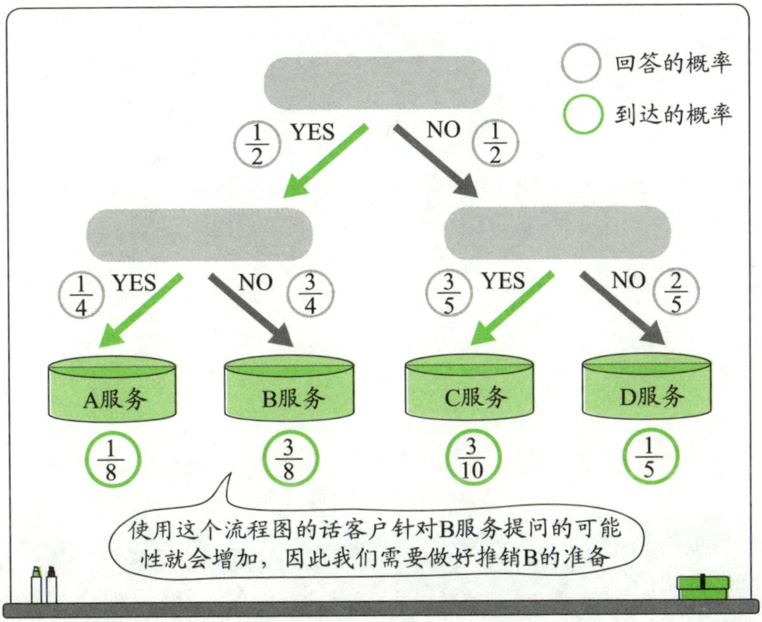

综上可得，要做好准备推销被选中的概率最高的B服务。

反过来说，如果公司的方针是想要尽力销售B服务的话，可以有意识地画一张能够引导客户选择B的流程图展示给他们看。

流程图不是只要画出来就大功告成了。如果你在流程图的基础上，再利用数学思维多加思考的话，就一定能够发现更多的商机。

知识点

- 在商务中如何诱导客户走向他的需求十分重要
- 流程图不能为了画而画，将概率纳入考虑范围会让精确度陡然上升

第三节

08 N进制

数字的表现形式不止一种

在不少互联网公司的招聘笔试中，会有“将十进制的数字改写为二进制”的问题。

首先，为了帮助没怎么听过十进制的人理解，我们先来回顾一下。比如说123这个数字可以写为下面这种形式。

$123=(10^2\times1)+(10^1\times2)+(10^0\times3)$

只取10^2的倍数“1”，10^1的倍数“2”，和10^0的倍数“3”，省略10的指数。

这就是我们平常用的十进制的数字的写法了。

而在二进制的情况下，我们需要把十进制的10这个数字都改为2。在二进制中，数字每增加2，位数就会增加，所以二进制的数字中只会出现0和1。

让我们来试试把十进制里的33改写为二进制吧。将一个数字改写为二进制的时候，需要把它连续除以2，再将最后除以2得到的商（答案）放到首位，之后再将每次除法的余数以倒序依次排列。

$33\div2=16$ ……余1⑥

$16\div2=8$ ……余0⑤

8 ÷ 2 = 4 ……余 0④

4 ÷ 2 = 2 ……余 0③

2 ÷ 2 = 1① ……余 0②

因此，答案是100001（以①～⑥的顺序排列）

此外，还可以通过将数字改写为2的幂（2的2次方、3次方、4次方……）的形式，将十进制的33改写为二进制。

根据刚才的计算结果，我们知道33连续除以5次2会余1，因此：

$33=2^5+1$

$=(2^5\times1)+(2^4\times0)+(2^3\times0)+(2^2\times0)+(2^1\times0)+(2^0\times1)$

和刚才的123一样，我们可以得出33的二进制是“100001”。

互联网公司的笔试会出这一类问题，是因为在计算机的世界里用的就是二进制。在计算机里的集成电路上，所有的处理都是被转换为0和1这两个数字进行的。

除了计算机以外，啤酒以12瓶为1打，所以是十二进制，而以60分钟为1小时的时钟可以被称为六十进制。

可以看出，在我们身边其实就有着不少十进制以外的数字表现形式。

虽然我们在日常生活中对于十进制已经习以为常了，但是要知道，十进制不过只是众多数字表现形式中的一种。

既然有如此之多的数字的表现形式，那么**我们完全没有必要拘泥于十进制**。

换言之，就是**我们可以根据具体情况，将数字适当地改写为最方便使用的形式**。

比如说，时间是六十进制的，如果我们将1分1秒写为（1•1）的话，下面这种表现形式也是合理的。

62（秒）⇔ 1•2（分•秒）

同样的一件事，可以有多种不同的表达方式。

想要表达时间的时候，如果（1•2）用起来更方便的话，那这么用也完全没问题。

在商务中同理。

假设有一家IT创业公司的月销售额是60000000日元，这个销售额仅来自价格为350000日元的A产品和价格为750000日元的B产品。A产品和B产品的销售数量分别是90和38。

鉴于这两个产品的价格不会改变，我们完全可以用60000000=（90,38）来表达。

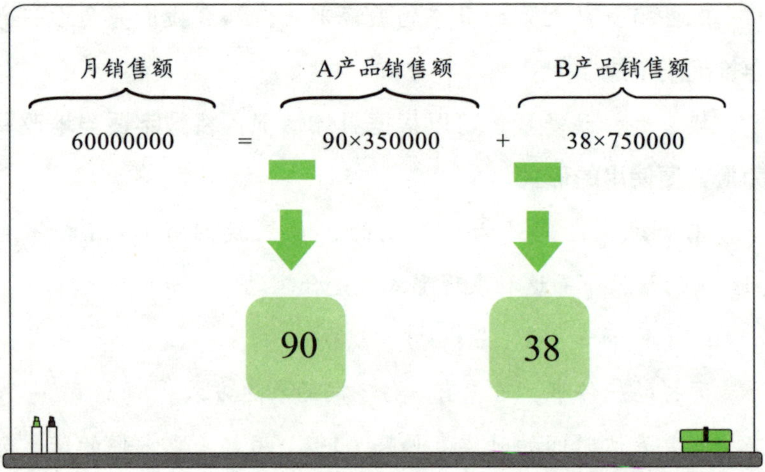

如果下个月的销售额是78500000=（55,79）的话，我们就能同时从中获得“总销售额增加”“A的销量减少”“B的销量增加”这三个信息。相比于左侧一长串的数字，在右侧的（ ）中进行四则运算显然更轻松，也能更好地把握变化。

在商务中，数据或材料里常常会1000000日元写成1000 (单位：千日元)。这两种改写的本质是一样的。

再重复一遍，数字的表现形式不止有一种。

为了让你的工作更顺利，你和同事们的交流更顺畅，努力尝试将数字改写为最方便使用的方式吧。

知识点

- N进制告诉我们数字的表现形式不止一种
- 尝试将数字改写为最方便自己使用的表达方式吧

课后练习题

问题1

请给出一种推算今天全国有多少人穿了红色衣服的方法。

问题2

“我叫山田太郎。我的强项是拥有数学专业知识和超过10年的商务经验。我发挥自己的强项，以教授商务数学为工作。由于这门课程的主题比较晦涩，我时刻注意在课程中加入‘有趣’的内容。这是因为，不管内容多么重要，兴趣才是最好的老师。”

请将这段话写成一行计算式，并加以不超过10秒的口头说明。

问题3

假设下面的（1）（2）（3）都是正确的，请问A、B、C这3个人中谁说的是实话？

（1）具备数学思维的话，职业发展也会顺利

（2）人生不充实的话，职业发展也不会顺利

（3）人生充实的话，对待他人也会更友善

A:“友善待人的人具备数学思维”

B:“具备数学思维的话人生会充实”

C:“人生充实的人，职业发展也会顺利”

第四节

你能“正确地”使用数学吗

就像商品都会配有说明书，数学也有正确的“使用方法”。

如果使用方法出了错，数学这把双刃剑不仅没法成为强有力的武器，还可能变成指向自己的凶器。

不过不用担心，在第四节课里，我将着重介绍除法、概率以及分类讨论等需要特别注意的概念的正确“使用方法”。

第四节

01

概率（2）

“结果”会随着“前提”改变

在讨论陷入僵局的时候，我们需要回到讨论的前提下重新审视。

人总是习惯于将目光放在结论上。如果你对讨论得出的结论感到不认同，或是感到讨论本身一直在绕圈子的话，就先退一步，重新确认一下讨论的前提是什么吧。

在错误的前提下，我们不可能得出正确的结论。

让我们通过一道数学题来思考这个话题吧。

提问

A有2个孩子，已知其中1人是男孩。请问，2人都是男孩的概率是多少？

另一个孩子肯定不是男孩就是女孩，因此概率是$\frac{1}{2}$。

绝大部分人都会这么回答吧？

不过很遗憾，这个答案是错误的。

这是为什么呢？

之前我提到过，概率是下面这个式子算出的结果。

（可能发生的特定情况的数量）÷（可能发生的所有情况的数量）

那么，这道题中的“可能发生的所有情况”是什么呢？

首先，在其中1人是男孩的前提下，“可能发生的所有情况”有下面的3种。

（1）兄弟

（2）兄妹

（3）姐弟

（即姐妹这一组合以外）

可以看出，另一个孩子也是男孩的“特定情况”只有（兄弟）这1种。因此，答案是$\frac{1}{3}$。

情况一样不代表结论一样！

	特定情况	可能发生的所有情况	概率
扔骰子出现1的概率	出现1	出现1 出现2 出现3 出现4 出现5 出现6	$\frac{1}{6}$
2个孩子都是男孩的概率	兄弟	兄弟 兄妹 姐弟 姐妹	$\frac{1}{4}$
1个孩子是男孩的前提下2个孩子都是男孩的概率	兄弟	兄弟 兄妹 姐弟	$\frac{1}{3}$

要是没有“其中1人是男孩”这个前提的话，答案又是什么呢？这种情况下，这道题就是单纯求2个孩子都是男孩的概率了，答案是$\frac{1}{4}$。

你看，结论随着前提改变了吧？

不要误会，这并不是什么数字陷阱。

相反地，这是再正统不过的数学问题，同时也是一个能够告诉我们结论会随着前提改变的再简单不过的例子。

如果我们没有把握好前提的话，之后不管做什么都没有办法得到正确的结论。现在，你应该能够清楚地认识到这一点了吧？

如果还没有完全理解的话，可以再看看下面这道以“前提”为关键词的题目。

提问

在商店里，有的商品（比如说巧克力）是以卖不完为前提进行大量生产的。如果在这家商店工作的你不小心把其中一个掉在地上并踩坏了，商店的损失会是多少呢？

这道题其实和一道以会计为主题的有名例题非常相似。

可以看到，提问中有一个关键词。

没错，那就是在这一小节中已经出现了很多次的“前提”。

我们知道这家店是以卖不完为“前提”进行大量生产的，因此处理剩余商品的成本自然已经被包含在定价里了。

既然这一大批巧克力的生产成本已经发生了，那么就算掉了一个也不会造成损失。

如果这种商品十分畅销，是以能一个不剩全部卖完为“前提”进行生产的话，那么商店就会失去通过销售这个商品本能够获得的收入，因此损失就是一个商品的价格。

就像这样，在职场上我们也必须首先确认“前提是什么”。

知识点

- 要记住讨论结果会随着前提改变，而这不仅限于计算概率的时候
- 不要听到什么就是什么，要养成确认“前提是什么”的习惯

第四节

02 除法

除法有两种思路

在课上，我从没见过不会做除法的人。但是，不得不说有不少人对于除法的理解还很浅。下面这道题就可以测试你对于除法的理解程度。

提问

请用两种思路解释为什么 $10 \div 2=5$。

“答案是5的理由还能是什么？不就是因为除法就是将乘法反过来算，而 $10=2\times5$ 吗？”应该有不少人会这么说吧。

但是，真的有两种。

请看下图。

思路1

这道题相当于“将10二等分会得到几”，因此答案是5

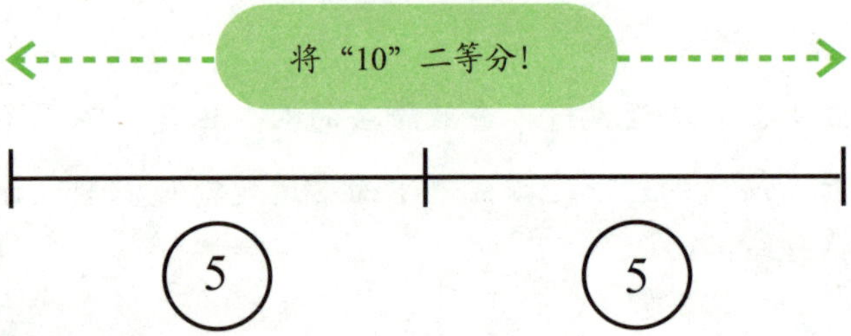

思路2

这道题相当于“10里面包含了几个2”，因此答案是5

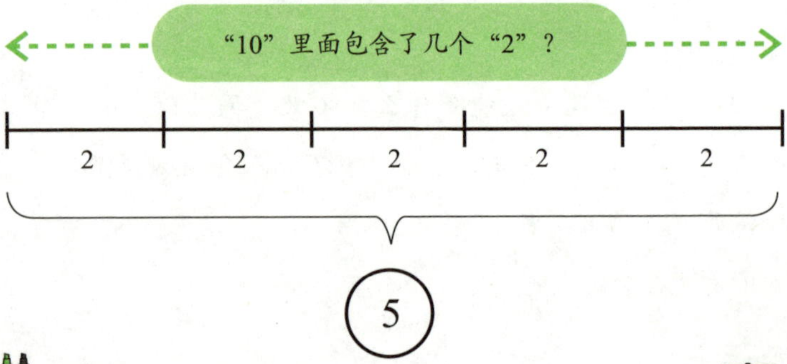

日本当年曾经有一本畅销书，书名为《不懂分数的大学生》。而我在大学讲课时，也有不少学生能够理解6÷2=3，却不能理解$6\div\frac{1}{2}$为什么等于12。

不能够理解后者的原因是，他们对于除法只有等分（即思路1）这一种认识。

确实，$\frac{1}{2}$等分这个概念非常别扭。

在这里正确的解释是，6里面一共包含（即思路2）了12个$\frac{1}{2}$。因此在计算时，只要把分数倒过来做乘法就可以了。

在职场上**遇到要“划分”什么的时候，我们也需要意识到“划分”有两种思路**。

比如说为了更有效地管理30名员工，管理层决定将他们分成小组。这时候就有两种分组的思路。

（1）考虑到各个小组之间的分工合作，分为5组比较合适。

→30（人）÷5（组）=6（人）

（2）等一下，从团队管理的角度来考虑的话，一个小组最多不能超过5个人。

→30（人）÷5（人）=6（组）

对照上文的2种思路，（1）考虑的是将总人数5等分，而（2）考虑的是30人中包含了几个5人。

在这里，重要的是在**实施“划分”这个行为之前，想想另一种思路是否可行**。如果能够掌握这两种思路的话，正确的“划分”应该是决定做除法的时候应该选择哪种思路，而不是做除法这件事本身。

知识点

- 除法有“等分”和“包含”这两种思路
- 在“划分”什么的时候，也要考虑另一种分法

第四节

03 估算

有意制造误差，让工作更轻松

在日常生活中，有些场景会让我觉得一个人具备数学思维，而其中之一就是他（她）“会用估算”。

估算，就是大致计算。但是“大致”，并不等于“随便”。

在职场上，如果能够正确地运用“大致”的话，工作效率也会得到大幅提升。

比如说，在下面这样的情况下你会怎么做呢？

提问

9名同事聚餐，一共花了51135日元。但是9个人之中有1个新人，大家想让他少付点钱。如果是你的话会怎么算呢？

二话不说拿出计算器按下51135÷9的人要注意了。这样算出的“精确数字”，真的是能够帮助大家快速算完账的有效信息吗？

用计算器算出的答案是：5681.66…但是，这里的“任务”不是算出平均每人花了多少钱，而是尽快且不费力地把账算完吧？

要除以9个人的话，首先先用能够除尽的数字进行计算。

54000÷9=6000 平均每人6,000日元

差额（54000−51135）大约是不到3000日元。

只要把这个差额还给新人就好了。

从小到大，我们在各种考试中都需要给出正确答案。因此，我们很容易陷入觉得计算数字必须算得精确的思维误区。当然，有些情况下我们确实需要给出精确的数字，不过**在商务中，从头到尾都必须精确的场景实在是少之又少**。

不管是商业计划、销售预测还是成本预估，相比于一开始就计算出精确的数字，一开始只估算出大致的数字最终花费的时间更少。细节的润色最后再做也来得及。

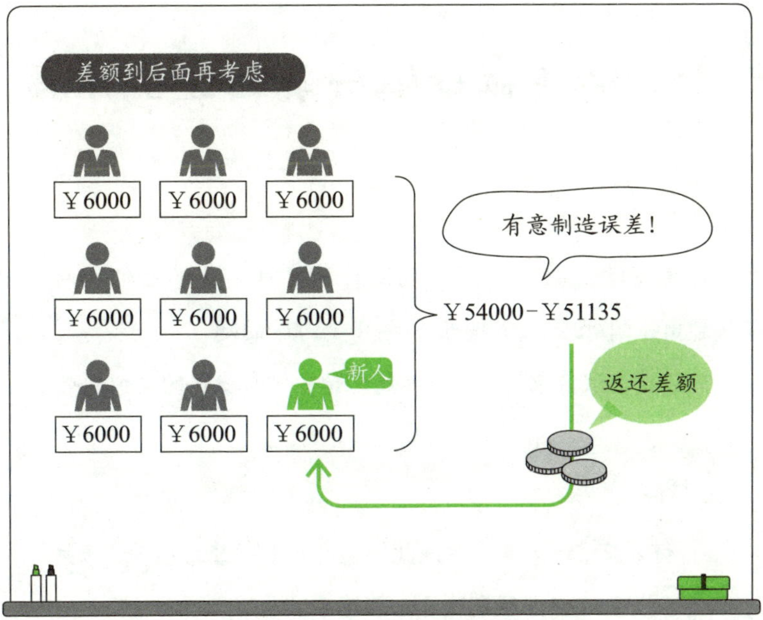

一开始就力求精确，反而会导致工作量增加。

知识点

- 在商务中，一开始可以“大致”计算数字
- 误差不一定是坏事。故意制造误差可以为工作提速

第四节

04 排列

请正确理解分类讨论的本质

我在大学里做针对招聘笔试的讲座时，从学生们的反应中可以看出，有很多人不擅长需要分类讨论的题。

就让我们试着来做一道在招聘笔试中常常出现的模拟题吧。

提问

有2张写着①的卡片，此外各有1张写着②和③的卡片。从这4张卡片中任意选出3张并排成一列，请问一共有多少种可能的排列方式？

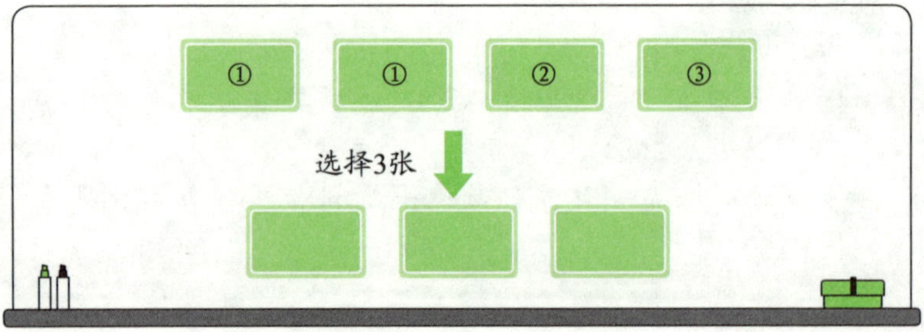

根据我的观察，学生们主要会采取的解法有两种。

A的解法

按照想到的顺序，把排列方法一个一个写下来

B的解法

首先将情况分为第一张卡片的号码是①、②、③的三类再继续考虑

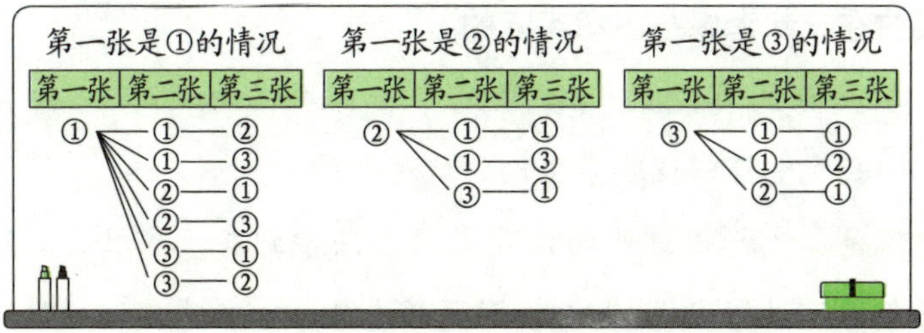

结论是，B的解法是最佳解法。

第一张是①的情况下，可以数出6种排列方式

第一张是②的情况下，可以数出3种排列方式

第一张是③的情况下，可以数出3种排列方式

因此，一共有6+3+3=12种排列方式。

这种方法比想到哪儿写到哪儿的A解法更合理，也更不容易出错。

不过接下来才是正题。面对这类题型，有不少学生会这样问：

“老师，没有别的更简单的解法了吗？”

仔细了解之后，我才明白原来他们是期待着用方程式或者公式轻松解决这类问题。

我在觉得“原来如此”的同时，却也感到“这样可不行”。为什么说“不行”呢？这是因为，**想要把本不可能同时发生的情况放在一起考虑是不切实际的**。

在和时间赛跑的招聘笔试中，想要轻松思考、快速解题……我完全可以理解学生们的这种心情。

但是，光想着这些的话是，没办法学到在步入社会之后必须具备的“思维方式”。看清问题的本质，如果是不同的情况就要分类讨论，这才是解决问题真正的“捷径”，这种思维方式才是分类讨论问题的根本所在。

举一个商务中的例子。

我曾经向一家公司的老板提过这样的问题：“请问您想让您的公司今后变成什么样呢？”

这个老板回答道：“今后的市场和社会会怎么变化都是未知数，所以我也很难想象……”

于是，我又请他从“行情走高”和“行情走低”的两种假设出发考虑一下，他因此成功地给出了很具体的回答。这是一个典型的通过分类讨论拓宽视野的例子。

在日常工作中，我们经常需要在会议材料里将情况分为情况1、情况2等。就像这样，分类总是能够帮助我们进行有益的讨论。如果你感到讨论一直在原地踏步，或是有什么没有被整理清楚的话，也许其原因就在于你们没有将该分类讨论的情况分开考虑。

知识点

- 数学里的“分类讨论”中蕴含着职场上的必备能力
- 不可能同时发生的情况是不能放在一起考虑的

第四节

05

因式分解

将数字分解后再进行评价

在一家珠宝店里，担任店长的你紧紧地盯着数字不断下滑的报表。是的，这个场景下你就是一家需要接待顾客的商店主管。

令人焦虑的是，最近的销售额非常不如人意。

顾客人数倒是基本维持在一定的水平，但是成交率却每况愈下。

然而，再怎么盯着报表也没法找到突破口。

请问你该怎么做呢?

如果是我的话，相比于盯着报表，我会利用数学思维进行思考。

比如说，这种情况下可以把问题**分解以后再进一步考虑**。

这里出现了一个专业名词——“分解”。这个词是什么意思呢?

听到“分解”二字，我们会联想到数学里的一个概念。没错，就是因式分解。

提问

请将下列数学式因式分解。

（1）x^2-x-12

（2）x^3+4x^2-x-4

答案

（1）$x^2-x-12=(x-4)(x+3)$

（2）$x^3+4x^2-x-4=(x+4)(x+1)(x-1)$

话说回来，为什么我们要学因式分解呢？

是为了解二次以上的方程？不对。

再往简单一点的方向想，在因式分解之前我们会先学习下面这样的问题。

$24=2\times2\times2\times3$

$520=2\times2\times2\times5\times13$

这种将数字分解为质数相乘的方法叫作质因数分解。那么我们为什么要学质因数分解呢？

这是因为，**质因数分解可以将数字的结构拆分得明明白白**。

也正因为有质因数分解帮我们把现实（数字的结构）拆分

得明明白白，我们才能够算出两个数字的最小公倍数和最大公约数，算出方程式的答案。

简单地说，**数字和数学式被分解得越细，能带给我们的信息也就越多**。

在会计中有一个常见的概念叫作资产收益率，也被写作ROA（Return On Assets），它代表着一家公司将资产转换为收益能力的高低。

资产收益率（ROA）=利润额÷资产总额

通过这个数字的高低我们就可以得到很多信息了。不过按照刚才的理论，数字被分解得越细能带给我们的信息就越多，如果我们进一步分解这个数字的话，就能够获取更深层的信息。

在这里可以分解为下面这样。

利润额÷资产总额=(销售额÷资产总额)×(利润额÷销售额)

前者（销售额÷资产总额）可以告诉我们这家公司能够利用多少资产达成多少销售额，而后者（利润额÷销售额）可以告诉我们每一份销售额能够留下多少利润（即收益率）。

通过因式分解，我们可以知道公司需要分别提高这两个数值，因此评价也应该分为两个角度进行。

读到这里，相信你已经能够找到开头提到的珠宝店突破口了吧？

用（成交数 ÷ 顾客总人数）算出的成交率能够告诉我们的信息太有限了。它不会告诉我们采取什么措施能够提高业绩。

所以，我们可以将它因式分解。

位于进入店里的顾客和实际消费的顾客中间的概念是什么呢？是“接待的顾客”。

成交数 ÷ 顾客总人数 =(成交数 ÷ 接待的顾客人数) × (接待的顾客人数 ÷ 顾客总人数)

如果前者的数字不理想的话，这说明问题可能出在店员和顾客沟通的能力以及促成最终成交的能力等销售技巧上。

反之，如果后者的数字不理想的话，可以考虑问题是不是出在店员没有勤于和顾客打招呼，或是店内氛围不够好等方面。

这样，我们就能够明确地看到问题所在，从而考虑相应的对策。

这下，你应该明白为什么说“因式分解可以将现实拆分得明明白白”了吧？

知识点

- 因式分解的真正意义在于将“现实”拆分得明明白白
- 面对数字，首先要考虑能否将其分解得更细

第四节

06

组合

把“反过来说”当成口头禅

因为工作原因，我有机会和非常多的商务人士见面。有时候，通过他们的口头禅我就能对这个人有一定的了解。

“反过来说……”

时不时会冒出这句话的人，一定具备数学思维。通过下面这道题你就能明白我为什么这么说了。

提问

从10个球中取出2个有多少种取法？

此外，与此取法数量相同的另一种情况是从10个球中取几个球？

请给出理由。（第二问的答案是2以外的数字。）

我们先来考虑从10个球中取出2个的取法。

（1）取出第1个球的方法：10种

（2）再取出第2个球的方法：9种

但是，我们还要考虑到取出的2个球是相同的2个球但是顺序相反的情况，因此答案如下：

$(10\times9)\div2=45$（种）

那么除了2个以外，从10个球中取多少个球才能让取法也是45种呢？

这里就能看出差距了。

A的解法：

和刚才一样的思路，$10\times9\times\cdots$

不对，接下来要怎么算呢？

B的解法：

从10个里面选择2个取出来，反过来说就是从10个里面选择8个不取出来。因此，从10个里面取出8个的取法应该也是45。也就是说，答案是8个。

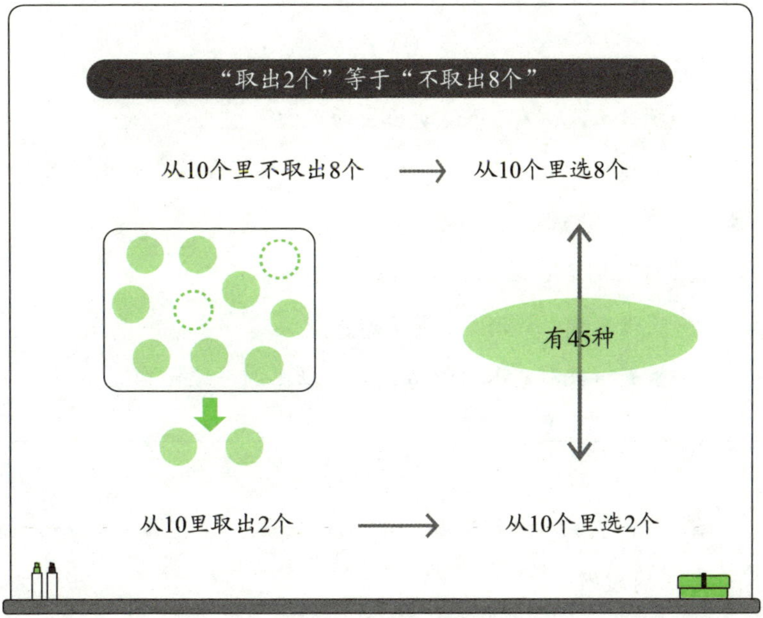

这种解法之简洁，让之前认真计算的解法看起来都有些傻了吧。

重点来了。

B的思路关键就在于“反过来”。

不能停留在表面，而是要时刻思考这件事情有没有“反面”。

能够扩大商机的灵感，往往隐藏在“反面”。下面的这两个例子，都是我在工作中的实际经验。

只卖出了1个

→反过来说，有1个能卖出去的理由

→分析清楚这个理由是什么，并寻找符合这个理由的目标客户群

采购了15个，没想到卖出去了10个

→反过来说，还有5个没卖出去

→重新审视对需求的预估，并相应地调整进货量

有一个词语叫作表里如一。正是数学，才让我对这个词语有了真正的理解。

请大家问问自己，现在对这个词又有什么样的理解呢？

知识点

- 把“反过来说”作为口头禅，能够让你发现隐藏在身旁的新视角
- 商务是表里如一的。要时刻记得试试从“反面”着手

第四节

07 盐水的浓度

用表格整理“前”和“后”

不擅长数学的人里，十有八九会说自己尤其讨厌盐水问题，觉得这类问题很烦琐。

水、盐、浓度，需要用到的数字都摆在面前，这让人感觉能解出来，却又总是差一步……

这类问题总是给他们带来这样的挫败感。而我在给学生讲的课中，也确实发现有相当一部分人拿盐水问题没什么办法。

盐水浓度问题虽然乍看之下和商务风马牛不相及，但是我却认为，解决它的“视角”和在职场上不可或缺的一个重要的“视角”是完全一样的。

这个视角，就是“**整理前和后的变化内容**”。

大家都知道前和后指的是变化发生之前和发生之后。

商务人士每天都会面对各种各样的变化。

因此，在脑海中整理这些变化，并通过解释说明让任何人都能够轻松地理解前和后的区别在哪里——这就成了一项非常关键的能力。

就让我们实际动手来做一道计算浓度的问题吧。

提问

向150克浓度为20%的盐水A中加入50克的盐之后，如果想要将盐水的浓度恢复到20%的话，请问需要再加多少克的水呢？

答案如图所示，最终需要的盐水总质量是400克，因此需要再加入200克的水。

	盐（g）	水（g）	盐水（g）	浓度（%）
before	30	120	150	20

↓（盐增加了50克！）

before(1)	80	120	200	40

↓（水增加了200克！）

before(2)	80	320	400	20

"就算不整理这么多，这题不也能做出来吗？"

也许是这样没错。不过，这道题的**本质在于正确理解什么是会变的、什么是不变的**。

我们的"工作"天天都在变化。

商务人士常常需要对变化前和变化后进行比较，并通过数字来理解什么变了，什么没变。

比如说，已知和上个月比，这个月的销售额以及每个顾客的平均购买数量都基本持平。但是，作为一名优秀的商务人士，你应该能够意识到详细情况可能有所不同。

	销售额	顾客人数	平均售价	平均购买数量
2012年11月	￥80035860	3540	￥4915	4.6
2012年12月	￥79700630	4698	￥3688	4.6

增加了！ 减少了！

这样，我们就可以更清晰地理解上个月（前）和这个月（后）的变化是什么。如果现实中真的出现了例子里的这种变化的话，大家肯定是无法忽视的吧？

我们不能因为结果相同就想当然地认为情况也是“相同的”，要仔细整理内容，并理解其变化所在。

在小学课本或者招聘笔试的辅导书中，浓度问题都会配上烧杯里有水或者盐的图片。

确实，这样看起来挺好理解的。但是这种图片只能用于计算食盐水的浓度。

而商务人士需要思考并动手画的，不是烧杯的图案，而是像上面这样经过整理的表格。

知识点

- 盐水浓度问题考的既是“比例”也是“整理”
- 在工作中我们可以利用数字理解变化前和变化后

第四节

08

乘法分配律

乘法分配律在工作中的意义

在给商务人士开的讲座中，我常常会故意不让他们用电子表格软件（Excel），而是用需要更多手动操作的计算器来进行计算。

这是为了让大家理解如果太过于依赖电子表格计算功能的话，可能反而会落入陷阱。

让我们来看一个能体现这种情况的最典型的例子。

不知道大家还记不记得数学里的乘法分配律呢？

$a \times (b+c)=ab+ac$(※)

$a \times (b-c)=ab-ac$

试着将几个数字代入之后可以得到：

$9 \times (2+2)=9 \times 2+9 \times 2=18+18=36$

$14 \times (3-1)=14 \times 3-14 \times 1=42-14=28$

如果我们再将算出的数字放到等号左边，在右边填上几个数字的话：

$36=6 \times 6=6 \times (4+2)$

$28=4 \times 7=4 \times (9-2)$

可以看出，每个数字都有非常多种表现形式。

实际上，像（※）的等号右侧这样费时费力的计算，在商务中可以说几乎“不会用上”。准确地说，就是只要理解了这个公式的意思，就“不需要用”了。

比如说下面这道题。

提问

已知产品A（价格为5000日元）在4月卖出了487个，在5月卖出了325个。请问5月的销售额和4月比减少了多少？

1. 劣（费时费力的解法）

$325 \times 5000 = 1625000$

$487 \times 5000 = 2435000$

$2435000 - 1625000 = 810000$

2. 优（省时省力的解法）

$487-325=162$

$162\times5000=810000$

用第二种解法只需要计算两次。

试着用计算器算算看的话，就能发现前者多了一个多余的步骤。因此按按键（数字）的次数更多，甚至还更有可能不小心按到“C”（清空）……

实际上，想要知道销售额的增减的话，只要从4月和5月销售数量的增减推算就可以了。

说起来说不定有人会觉得我太闲了，但我实际做实验测出了上面这个例子里按按键的次数和花费的时间。当然，结果可能因人而异吧。

（1）劣　32次　约30秒

（2）优　12次　约10秒

对于忙碌的商务人士来说，哪种解法更好自然不用多说了。但是在讲座上，一定会有人使用“劣”的办法敲计算器。这是因为这样的人虽然平常可以靠电子表格的功能很快得出答案，但是他们却没有掌握基本的思维方式。

在上学的时候，老师是这样解释乘法分配律的。

$a\times b\pm a\times c=a\times(b\pm c)$

→因此，两种方法的计算结果是相同的。

而从商务角度来说，我们应该这样理解乘法分配律的意义：

$a \times b \pm a \times c = a \times (b \pm c)$

→因此，要用上边这种更省事的方法计算

知识点

➡ 乘法分配律的关键在学校里学不到

➡ 在商务中，我们要选择先计算括号里的部分的方法

第四节

09 三元素集合

减少信息以避免混乱

一般来说，数字越多事物就越复杂。

比如说，相亲是一对一的，联谊则是很多人一起的。

选项越多，选择自己中意的对象的过程就越复杂，最终成为情侣所需的时间也就越长（当然这里指的是普通情况）。我想通过这个例子表达的是，**“不管是什么样的问题，我们都需要减少数字以后再进行思考”。**

下面是一道三元素集合的问题。

提问

有一家公司调查了80名员工的通勤方式，结果是38人乘坐日本铁道[1]，57人乘坐民营铁道，12人乘坐巴士。

此外，已知没有人不使用其中任何一种交通工具，而有20人既乘坐日本铁道也乘坐民营铁道。

请问只乘坐巴士的人有多少？

1 译者注：原文为JR，即Japan Railways的简称。最初为日本国营铁道，后分割为七家铁道公司。

如果只有两种元素的话还比较简单，但是有三种元素的话就容易算不清楚了吧。考验“思维方式”的时候到了。

既然如此，不如就把这个问题换成二元素集合问题吧。

至少乘坐日本铁道或民营铁道其中之一的人数是：

38+57−20=75

因此，我们可以定义下面的两个集合，将这个问题换成一个二元素集合问题。

集合A=至少乘坐日本铁道和民营铁道其中之一的人（75人）

集合B=乘坐巴士的人（12人）

这样一来，我们就可以从没有人不使用其中任何一种交通工具这个条件出发，用下面这样的表格对信息进行整理。

接下来就只要做做减法，把空格填上，就能够得到所有的人数信息。

置换为“日本铁道和民营铁道”以及“巴士”这两个集合

集合A=75

集合B=12

		巴士		
		乘坐	不乘坐	
至少乘坐日本铁道和民营铁道其中之一	乘坐			75（A）
	不乘坐		0	5（80−A）
		12（B）	68（80−B）	80

↓

集合A=75

集合B=12

		巴士		
		乘坐	不乘坐	
至少乘坐日本铁道和民营铁道其中之一	乘坐	7（75−68）	68（68−0）	75
	不乘坐	5（12−7）	0	5
		12	68	80

首先，从不乘坐巴士的人有68人和没有人不使用其中任何一种交通工具这两个条件出发，可以推算得出不乘坐巴士但是乘坐日本铁道和民营铁道其中之一的人数为68（人）−0（人）=68（人）。

接下来，从集合A的75人中减去不乘坐巴士但是乘坐日本铁道和民营铁道其中之一的68人，可以得到既乘坐巴士也乘坐日本铁道和民营铁道其中之一的人数为7人。

有了这些数字的话，最后只要用集合B的12人减去7人，就可以知道只乘坐巴士的人是5人了。

怎么样？将三种元素改为两种以后，通往终点的道路一下就变得平坦了。

在讲座上，我从学员们的成果展示中注意了到一种有趣的倾向。如果让学员们用图来表达在一个统计中20多岁的人所占的比例很低这件事的话，表达方式会分为下图的两种。

具备数学思维的人能够理所当然地排除多余的信息，用最简单的方式来考虑问题。

反过来说，不具备数学思维的人常常将大量的数字和信息塞进材料里。这也许是因为他们在潜意识里觉得数据越多越好，自己也就越放心。

请从生活中做起，试着减少信息吧。

知识点

- 成果展示越简洁越好
- 尽可能删减信息，仅留下最重要的信息

成果展示越简洁越好!

不具备数学思维的人画的图

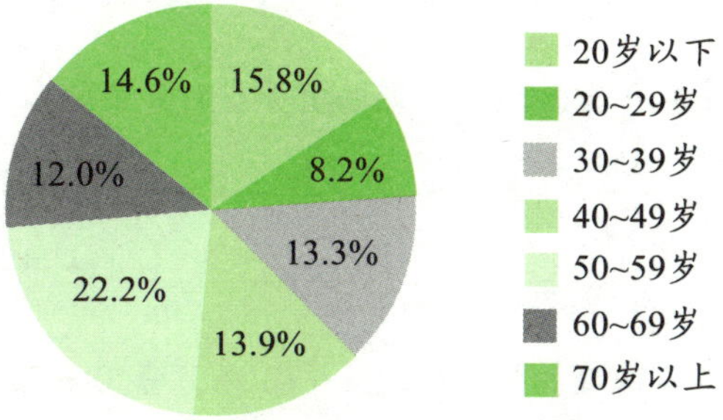

具备数学思维的人画的图

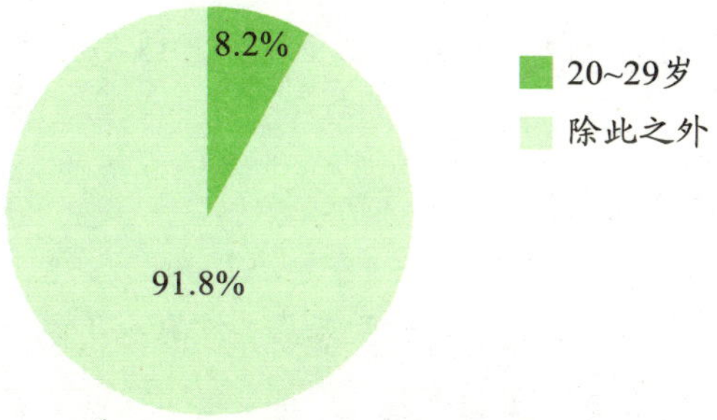

决定最想要传达的信息之后,
尽可能删掉其他信息

课后练习题

问题1

从60名员工中选出57名的选法有多少种？请给出计算过程。

问题2

A公司2011年度的销售额是1亿日元，费用是8,000万日元；2012年度的销售额不变，但费用增加了500万日元。在2013年度中，A公司在维持费用不变的经营方针下开展业务，最终的利润率和2011年度相同。请解释说明2012年度和2013年度的变化。

问题3

你新开了一家网店，但是一开始基本没有人下单。这个月的下单率=订单数 ÷ 点击数=0.001%。

你会怎样分析原因呢？请使用因式分解这种数学思维解释你的想法。

第五节

初中数学竟能让你的“问题解决能力”提升至此

工作就是不断地面对问题并解决问题。甚至有人会说，工作本身就等于解决问题。因此，我认为最适合最后一节课的主题就是，什么样的思考能够帮助我们突破困境，什么样的行动能够帮助我们让即将脱轨的工作重回正轨。读到这里，相信你对数学已经不再过敏了吧？离你能够将数学称为自己的武器就差最后一步了，让我们一起加油吧！

第五节

01 四次方程

你的工作就是将难题“置换为能够解决的问题”

在这一章节中，我将向大家介绍在变成更优秀的商务人士的路上不可或缺的“解决问题的方法”。

虽然说是“更优秀”，但这并不代表着我们需要用到的数学知识难度增加了。

在这里，更进一步的关键在于**思考做得到的方法，而非做不到的理由。**

在我的商务数学讲座中，我常常会让学员使用白板讲解题目。

像是下面这种题的话，一般来说会有两种主要的讲解方式。

提问

请讲解 $x^4-6x^2=-8$ 这个方程式的解法。

A的方法：

我不知道四次方程怎么解，所以总之先试着将它因式分解，说不定就能算出答案。

$x^4-6x^2=-8$

$x^4-6x^2+8=0$

$(x^2-4)(x^2-2)=0$

$(x-2)(x+2)(x-\sqrt{2})(x+\sqrt{2})=0$

因此，

$x=\pm 2, \pm\sqrt{2}$

B的方法：

虽然我不知道四次方程怎么解，但是我知道二次方程怎么解，所以就将这个方程式置换为二次方程。

设$x^2=t$，则原式可以写为

$t^2-6t+8=0$

$(t-4)(t-2)=0$

因此，

$t=4,2$

$x=\pm 2, \pm\sqrt{2}$

这两种解法看起来差别不大，但其实它们却有着天壤之别。这是因为，如果在我们知识范围之内的因式分解失败了的话，前者就碰了壁，没法继续了。

事实上，当我追问用了前者的学员“如果因式分解没成功的话你下一步准备怎么办”的时候，大多数人都支支吾吾给不出答案。

也就是说，A的方法是以“不知道能不能行，总之先试试”这样的想法为出发点的。

换成大家更熟悉的词来说，就是相信“大力出奇迹”。

另一方面，B的方法从头到尾都没有遇到障碍。这是因为这种方法**将问题转移到了二次方程这个自己熟悉的领域里了**。

可以说，这种方法是建立在“**把解不出的问题换成解得出的问题**”的思维方式基础上的。

请大家明白，具备数学思维的商务人士在面对难题的时候，不需要他人的指点就能够主动尝试“**将难题置换成能够解决的问题**”。

假设你是一家公司的人力资源部的员工，而这家公司的培训工作比较艰巨，光靠你们部门远远不够的话，你当然不会觉得做不到就算了（解决不了），而是会考虑委托外部的咨询公司吧？

这样一来，你的工作（需要解决的问题）就变成了“寻找一家适合我们公司的人力资源咨询公司”。总而言之，你的工作不是一味地盯着眼前的难题发愁，而是将其换成一个“能够解决的问题”。

缺乏这种思维的人可能会经常说这些话：“之前没做过所以我做不到”“没人教过我怎么做所以我做不到”……

要记得，“思考做得到的方法，而非做不到的理由”。

这句商务格言，从数学角度也能说得通。

知识点

- 具备数学思维的人 → 发现解不出的时候，将问题换成能够解出的问题
- 不具备数学思维的人 →“锲而不舍”地思考解不出的问题的解法

第五节

02

反例

给出“一个反例”，而非“正确的理由”

我常说：“数学不只能用于计算正确的答案。”

这是怎么一回事呢？让我们通过下面这道题来看看。

提问

请明确否定下面这句话。

$y=x^{10}+x^8+x^6+x^4+x^2-1$

这里的 y 一定是一个正数。

比如说 $x=0$ 的时候，y 是个负数。

通过这个反例，我们就可以否定上面的这句话。

我介绍这道题的理由是什么呢？

在日常生活中，我们很少有机会直截了当地说“这是错的”这句话。除非有不容置疑的证据或事实，我们就算怀疑一件事也很难干脆地否定它。

而数学是完美的。

就像刚才的例子一样，在数学中被否定的东西是绝对“错误的”。

那么只要运用数学思维的话，我们也一定可以对某些事物进行否定。这正是我想在这一小节中想要传达给大家的中心思想。

在这种情况下，上面提到的这种寻找反例的数学思维十分有用。

让我们通过具体例子来练习一下吧。对下面的这几句话，大家有什么想法呢?

1. 应该将所有的年购买金额排在前10%的顾客当作贵宾给予特别待遇

2. 必须绝对禁止曾经进行过恶意投诉的顾客再来店里

3. 必须马上获得市场占有率第一名的地位

看起来每句话都是对的。不过，我会像下面这样暂且否定这几句话（当然不是说这几句话一定都是错误的）。

> 1. 不对。如果其中有退货率很高的顾客的话，给他们特别待遇是有问题的
>
> 2. 不对。我们有曾经进行过恶意投诉的顾客后来变成优良顾客的先例
>
> 3. 不对。如果我们现在强行去争夺第一名的地位的话，会因为实力不济败下阵来。有不少公司在坐稳第二名的位置之后最终获得成功

这三条都通过举反例暂且否定了之前的三句话。

在职场上，如果你听到了“所有”“绝对”“马上”或与它们类似的语气强烈的词语，请务必多个心眼，带着怀疑的态度审视一下。

在绝大多数情况下，我们都可以找到这些话的反例。

可以说，举反例就是一种“挑刺”。越是好听的宣传语，我们越要在心中打个问号，找找看有没有反例。

最后我想再说说“暂且”这个词。

“**暂且否定**”这一行为，在工作中是非常关键的。这是因为在给出否定意见之后，可能出现对这个否定意见进行再次否定的意见。

而这样的讨论可以说是非常具有建设性的。

“否定”这一行为，是一种十分重要且没有门槛的解决职场难题的具体手法。

知识点

- 数学不只能用于计算正确的答案
- 想要在商务中否定一件事的话，就举个反例吧（这世上的事物没有几样是无可挑剔的）

第五节

03 四则运算（3）

构筑双赢关系的谈判技巧

据说，**相比于想要获利的心理，人的不想吃亏的心理更胜一筹**。说实话，我也是如此。

假设我们去一家自助餐厅吃午餐。

只要花一定的钱，这家餐厅里的所有菜都可以随便吃。但是就算如此，我们也不会想要吃很多来赚一笔。

我们只会想要把付出的钱吃回本——也就是说不吃亏就好了。

这种心理不仅在日常生活中，在工作场景中也对我们的行为有着重大的影响。

比如说，谈判。

做生意的前提是获得利益，因此大家都知道要宣传能够“获利”。

不过，实际上**在更多的时候，强调“不让对方吃亏”这一点才能让谈判更顺利。**

一个陷入僵局的谈判柳暗花明，往往是因为“消除了只有单方吃亏（获利）的情况”。

我当年担任一家企业的电子购物平台的经理的时候，有一家公司怎么也不同意让我们在网上销售他们的产品。

他们的理由是，“这会影响到实体店的销量”。

这完全可以理解。他们肯定想要避免“虽然线上销售获利，但实体店销售却蒙受损失”的情况。

于是，我这样对他们说：

“今后，网络曝光将会成为产品的一种宣传手段。

“我们应该把网店当成宣传工具，而非竞争对手。有不少人会在网上看到产品信息之后，选择前往实体店现场看看产品是什么样的。

“当然，作为网店负责人来说这种情况是有些令人遗憾的。不过从长远的角度来看，有更多的产品获得网络曝光的话，实体店和网店的顾客最终都能得到增长。”

这一番话让这家公司十分受用，很快就同意了让我们销售他们的产品。

这里的理由再简单不过了。

我指出了对方此前没有注意到的正面效果，并以此抵消了他们所担忧的负面效果，告诉他们这件事情不会只让他们吃亏。这正是所谓的双赢关系。

时常注意“不让他人吃亏”的人，一般来说在人与人交往方面也都会游刃有余。

比如说朋友聚餐之后算账的时候就是如此。

很惭愧，我这个人常常忘记自己少付了钱，但是多付了的时候却总是能记很久。

那么，就请大家解答下面这道关于算账的问题。

提问

A和B二人一起去吃饭，A垫付了全额餐费共6000日元。已知A还欠B共3500日元，请问综合欠款和这次的餐费，谁应该付给谁多少钱？

就像我刚才说的，能够将账算得又快又清楚的人，人际关系方面也会比较顺利。

平均每人的餐费是6000÷2＝3000，这在算账的时候是要“支付”的钱，所以A和B二人这里都写为负数。

接下来，A垫付的6000日元，在算账时是A要“收入”的钱，因此写为正数。

欠款对于A来说是在算账时要“支付”的钱所以写为负数；对于B来说则是要“收入”的钱所以写为正数。

最后就只需要将数字横向相加，就能知道谁应该给谁多少钱了。这和上一个例子里的让正面效果和负面效果相抵消其实是一个道理。

	餐费	垫付	欠款	结算金额
A	-￥3000	￥6000	-￥3500	-￥500
B	-￥3000	￥0	-￥3500	￥500

这道题的答案就是，A需要再向B支付500日元。

在人际关系中，或者在商务谈判中总是碰壁的人，可以反思一下在这个过程中有没有让对方感到“我现在吃了亏”。

理解“不让他人吃亏”这一点，也许能够帮助你轻轻松松地打开局面，改变现状。

知识点

- 算账可以说是“制造没有人会心怀不满的状态的行为”
- 擅长谈判的人，会用好处抵消坏处

第五节

04

加权评分

利用数据化“制造差距”

假设你要在A和B二人之中选一个当自己的助手，却迟迟拿不定主意选谁。这时候，评分就该闪亮登场了。

比如说，选择专业知识、协调性、沟通能力这三项为指标，以5分为满分给二人评分，最后选择总分更高的那个人。

	专业知识	协调性	沟通能力	总分
A	5	1	3	9
B	3	3	5	11

根据上面的结果，我们得到了应该选择B这个结论。

不过让我再追问一句：

这三项指标的重要程度都相同吗？

也就是说，“专业知识”的1分和“协调性”的1分以及“沟通能力”的1分，这三者的价值都是一样的吗？

要知道，这里的价值有时是会随着职位的特点或是你的能力改变的。

这时候我们就需要定义各指标的重要程度。

将专业知识的重要程度设为3（3倍），协调性的重要程度设为2（2倍），沟通能力的重要程度设为1（1倍），这样一来专业知识的1分就相当于1+1+1＝3分。

A和B二人的评分也就会变成下面这样：

$A=5\times3+1\times2+3\times1=15+2+3=20$

$B=3\times3+3\times2+5\times1=9+6+5=20$

	专业知识	协调性	沟通能力	总分
权重	③	②	①	
A	5×③	1×②	3×①	20
B	3×③	3×②	5×①	20

哎呀，我们明明是想要让评价更精确才定义了重要程度，没想到这反而让二人同分了。

这种情况在工作中其实并不少见。其原因在于，定义的“权重”或“分数”之间几乎没有什么差距。因此，出现结果相同的情况也就不奇怪了。

那么要怎么解决呢？

定义分数的时候，大胆地拉开差距。

这是因为，在评分接近或是甚至像上面那样同分的时候，大家就容易犹豫不决：“评分以后也就差了这么一点，按照这个分数选真的没错吗……”

这样一来，评分就完全失去意义了。既然评分的目的在于让评价和选择变得轻松，那么我们就需要把分差拉大。

如果我们将权重改为下面这样，结果又会变成什么样呢？

专业知识 5（5倍）

协调性 3（3倍）

沟通能力 1（1倍）

	专业知识	协调性	沟通能力	总分
权重	⑤	③	①	
A	5×⑤	1×③	3×①	31
B	3×⑤	3×③	5×①	29

A和B的总分发生了逆转。

在这次选择助手的过程中，“专业知识”是一个非常重要的标准，因此结论就是应该选择A。

我在讲座上提到数据化的时候，很多人会认为：“不就是评分吗？”

这当然也没错。但是，我希望像大家这样优秀的人才能够更上一层楼，掌握更高等级的“思维方式”。

数据化不是简单的“评分行为”，而是“制造清晰可见的差距的行为”。

现在，你能够理解在刚刚的例子中大胆拉开差距的重要性了吧？

知识点

- 在评价事物的时候，需要考虑到各项指标的重要程度
- 数据化不是评分行为，而是制造差距的行为

第五节

05

平均数

平均数能告诉我们的事情少之又少

日均顾客人数、日均销量……在商务中我们常常能听到“平均”这个词。不过面对平均这个概念，我们需要多加个心眼。

提问

一家小店的平均每名顾客的消费金额在上个月是3000日元，而这个月则变为了3500日元。请问从这条信息里我们能知道什么？

① 这个月的销售额增加了

② 这个月的顾客人数增加了

③ 这个月卖出了更多的高价商品

④ 这个月的顾客质量更高

在这些选项中选择了答案的人，其实是被平均数给迷惑了。在我的讲座上也永远都不缺这么回答的“职场精英”。

正确答案有点不太厚道：凭这条信息我们什么都知道不了。

我们可以假设上个月的销售额是300万日元，顾客人数是1000名。

同时假设这个月的销售额是528500日元，顾客人数是151名。其中，1名顾客大采购贡献了228500日元的销售额，而剩下的150名顾客平均每人只花了2000日元。这种情况是符合题目里的条件的。

很明显，①和②肯定是错的，③和④也很难说是对的。再说了，何为“高价”和“高质量的顾客”呢？这两个概念连明确的定义都没有。

确实，这是一个极端的例子，但这并不是什么所谓的数字游戏，因为这种情况在商务中是完全有可能发生的。

在刚刚起步的创业公司或是业绩会随季节大幅波动的行业中，进行“大采购”的1名顾客把人均消费金额拉高了的情况发生的可能性一点也不小。

我想告诉大家的是，**不要迷信平均数**。

但是不管我在讲座上怎么强调，当学员们回到日常的工作中，还是会变得容易受到平均数的迷惑，而这正证明了觉得平均数非常重要的这个思维误区有多么深入人心。

说白了，平均数没有太大的意义。

退一万步说，**只以平均数为根据进行判断是非常危险的**。

那么，要想不受到平均数的误导，我们应该怎样看待和使用它呢?

平均的字面意义就是，将事物均匀地摊平。

换言之就是，

在不改变总量的情况下，将事物转变为更容易解释的状态。

就是这么简单。

均分其实会抹除分布和排序的信息，因此，均分之后我们能够获取的信息反而会变少。所以我说，平均数没有太大的意义。

当然了，我说平均数带来不了什么正面的效果，这并不代表平均数本身是完全没用的。

在统计学中，了解平均数可以帮助我们进一步分析偏差。

不过在商务中，我还是建议大家不要仅凭平均数进行判断。

知识点

- 平均数仅供参考，不要仅靠平均数做决策
- 均匀地摊平一件事物，会抹除它的凹凸和变化等信息

第五节

06

除法

运动员的金牌奖金是多还是少

如果我们能够运用数学思维加以分析的话，有一些看起来只能凭感觉回答的问题也会迎刃而解。

比如说下面这道题。

提问

已知在日本，运动员获得奥运会金牌的奖金是300万日元。请问这个奖金是多还是少？

请同时给出依据。

如果光凭感觉回答的话，大家会给出各种各样的意见：有人会觉得太少，也有人会觉得已经足够了。

但是要是问他们依据是什么的话，大部分人除了“感觉差不多是这样”之外，也说不出个所以然。

首先，我们需要一个参照系才能判断奖金是多还是少。在这里我们可以选一个大家都比较熟悉的对象作为参照系。

比如说，我们可以将一个上班族的奖金当作是对他半年来的工作给予的特别奖励。

要注意的是，直接比较运动员和上班族的奖金金额肯定是不合适的。我们需要从数学角度考虑，从不同的角度对金额进行计算和比较。

这里用到的就是除法了。

除法的重点在于，分母是什么。

我们都知道，拿了金牌的运动员为了奥运会，付出了长达4年艰苦卓绝的努力。

另一边，上班族的奖金一般来说是一年发两次。

假设上班族每次的奖金是50万日元，我们就可以计算得出这二者平均每天的奖金是多少。

金牌运动员

3000000 ÷ 4(年) ÷ 365(天) ≈2,055(日元)

上班族

500000 ÷ 6(月) ÷ 30(天) ≈2,778(日元)

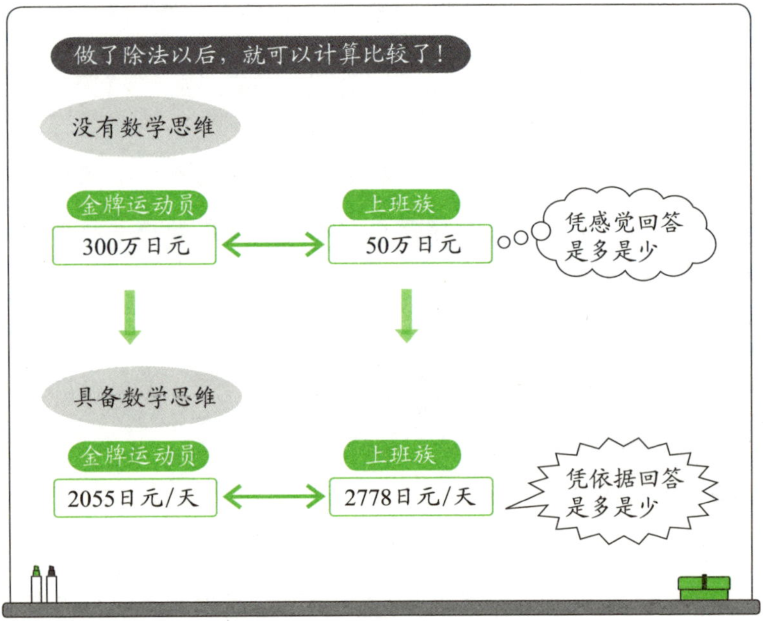

可以看出，平均到每天的话，金牌奖金甚至比普通上班族的奖金还少。

除此之外，还有不少判断方法。

比如说，印度的金牌奖金换算成日元大约是4000万。这个金额是日本的十几倍。

但是我们不能简单地说印度给金牌运动员的奖励的价值是日本的十几倍。

在这里，我们可以将金牌奖金定义为“给全国人民带来感动的报酬”。

这样一来，我们可以将奖金的金额除以人口。

> 日本
>
> 3000000 ÷ 1.2亿(人)=0.025(日元)
>
> 印度
>
> 40000000 ÷ 12.4亿(人)≈0.032(日元)

从上面的计算结果可以看出，印度给金牌运动员的奖励确实比日本更加丰厚。

这样说来，考虑到奥运会是一个能够给全国人民带来勇气和感动的盛会，日本是不是也应该把运动员的金牌奖金再提高一点呢?

但是话说回来，日本运动员夺得金牌的频率要远高于印度运动员。从物以稀为贵的角度来说，印度运动员获得的金牌的“含金量”，也确实比日本运动员的更高。

因此，从某种层面上来说，印度比日本给的奖金更多这件事也是理所当然的了。

就像这样，如果能够对一个问题再深入一点进行思考的话，不管这种想法本身是对还是错，就一定能够使我们的讨论变得更有建设性。

相信大家在工作中也一定会接触到商品或服务的价格。在这时，如果你能够从一个全新的角度来解析这个价格是高还是低的话，你的说服力一定会得到飞跃式的提高。

知识点

- 在商务中，不能不看参照系，只凭感觉进行判断
- 尝试多种方法，巩固自己的观点的理论依据

第五节

07

方程组

请将这项工作的工期缩短2天

通过观察讲座上的小组活动情况，我发现了一种有趣的倾向：

第一次活动就超过时间限制的小组几乎每次都会超时。

原因在哪里呢?

这是因为，他们没有定下终点。

能干的人之所以再怎么忙也能把工作安排得井井有条，是因为他们给自己**设定了一个明确的终点**。

销售额、利润额、新顾客数，如果指标是这些简单明了的数字的话还好，但是在没有明确的数字指标的时候，我们就需要在设定终点上动动脑筋了。

人们常说提高工作效率很重要。但是，如果我们只想着怎么提高效率的话，是没办法从根本上解决工作效率问题的。

我们首先需要做的，是确认自己要朝哪个方向前进。

也就是说，需要理解终点在哪里。

请大家在上面这些话的基础上，思考下面这道题。

提问

一个三人小组原本预计在5天后做完本月的例会材料。然而，因为一些原因他们需要在3天内完成。请问他们应该怎么办呢？

我们知道，每月的例会材料只要以上个月的材料为基础修改制作就可以了。

写作数学式就是：

工作=(本月的会议材料)－(上个月的会议材料)　　(1)

此外，这个月要讨论的问题里，和上个月相比没有进展或变动的部分就没有必要再做新的材料，因此：

本月的会议材料=(上个月的会议材料)+(有进展或变动的部分)　　(2)

把(1)和(2)当成方程组一起考虑的话，我们就可以给这次的工作做出下面的定义：

工作=仅制作有进展或变动部分的材料

这样一来，我们就省去了无用功，明确了终点所在。在把握了终点之后，下一步就是考虑怎么缩短时间了。

就让我们实践一下在之前学过的**相遇问题**的思维方式吧。

假设小组成员分别是A、B、C。将终点设在中间点，并让擅长处理数据的A负责收集和分析数据。

同时，让熟悉做演示文稿的B从另一头出发负责和A的工作无关的内容，比如撰写材料大纲以及填写本月的议题。A和B二人都完成自己的任务之后，交棒给负责人C，这样这项工作就算大功告成了。

假设这项工作原来有五个步骤，这种方式和原来的接力方式相比就少了两步。这让提早完成工作成为可能。

怎么样，将工期缩短2天完全是有可能的吧？

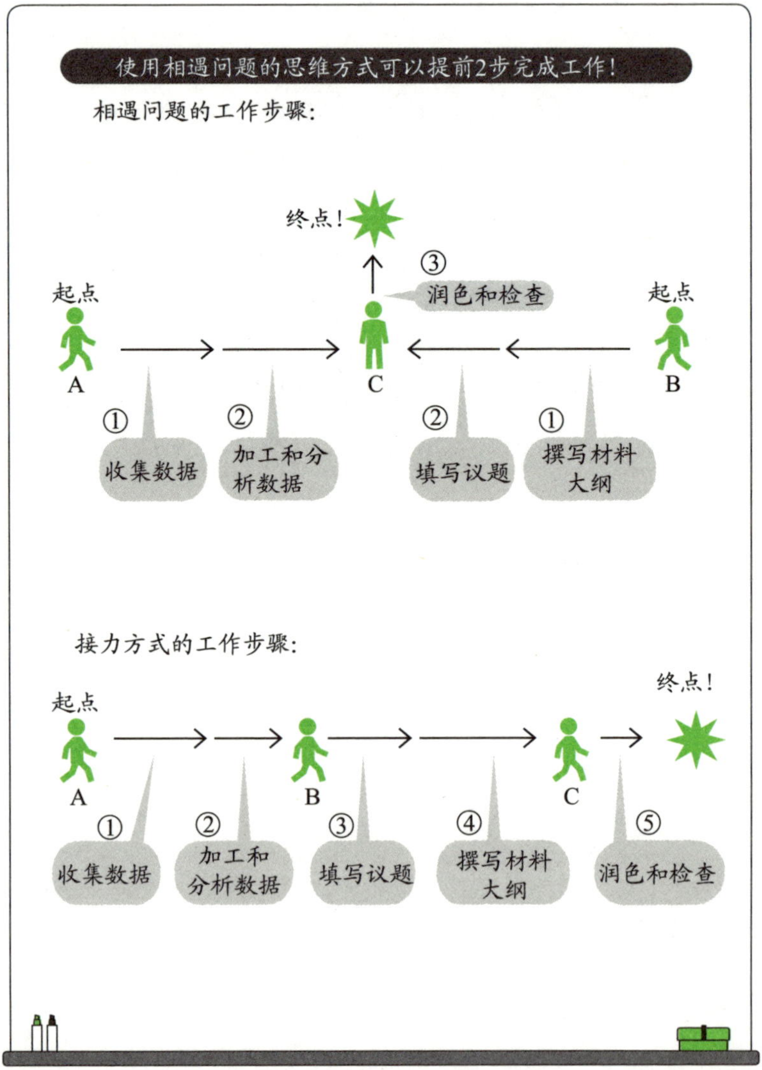
使用相遇问题的思维方式可以提前2步完成工作！
相遇问题的工作步骤：
终点！
③ 润色和检查
起点
A
C
起点
B
① 收集数据
② 加工和分析数据
② 填写议题
① 撰写材料大纲
接力方式的工作步骤：
起点
A
B
C
终点！
① 收集数据
② 加工和分析数据
③ 填写议题
④ 撰写材料大纲
⑤ 润色和检查

把上面的这几步总结一下就是：

1. 用方程（组）的概念理解工作内容
2. 明确终点（需要做的工作）所在
3. 省去无用功

→最终提高了工作效率！

没有一个明确的终点可能导致讨论走向错误的方向，也可能让参加者错误地追求原本并不需要的高标准的产出。终点本身就不切实际的话自不必说，要知道，就算你的终点是合理的，实际操作起来肯定还会出现各种意料之外的状况。

请大家借此机会再次审视一下，看看自己的手头有没有在终点尚不明确的情况下就盲目着手的工作吧。

知识点

- 小组活动中超时的原因都是类似的
- 使用数学思维采取三步走能为几乎所有的工作提高效率

第五节

08 整理四象限（2）请展示你的强项

如果有人和你说“请你举出两个自己作为商务人士的强项”的话，你会如何回答呢？

在这一小节里，我想以“自己的强项”为主题，向大家分享一下如何通过最大限度利用在前文中介绍过的**四象限**和**公式化**等技巧，进一步提高讲演能力。

为了方便大家理解，在这里我就以名人明石家秋刀鱼[1]为例进行讲解。要知道，搞笑艺人其实也算得上是商务人士。

我认为，他的强项主要有下面两个。

强项1：搞笑能力 强项2：控场能力

当然，请大家理解我不是什么专业人士，这里写的内容都是基于我的主观感受的。后者“控场能力”是我提出的一个概

1 译者注：日本著名搞笑艺人。

念，指的是能够在有众多嘉宾的情况下合理地把话茬交给合适的人，综合考虑每位嘉宾的个性并给予每个人平等的表现机会，再在最后完美收尾的能力。这和深得全班学生的人心的班主任有一定的共通之处。

我们可以按照前文里介绍过的那样，将这两个强项设为横轴和纵轴。搞笑能力强并不代表控场能力强，反之亦然。也就是说，这两项指标互为“垂直关系”。

我们再使用同样是在前文中介绍过的四象限，让明石家秋刀鱼和其他搞笑艺人的区别看起来更形象。

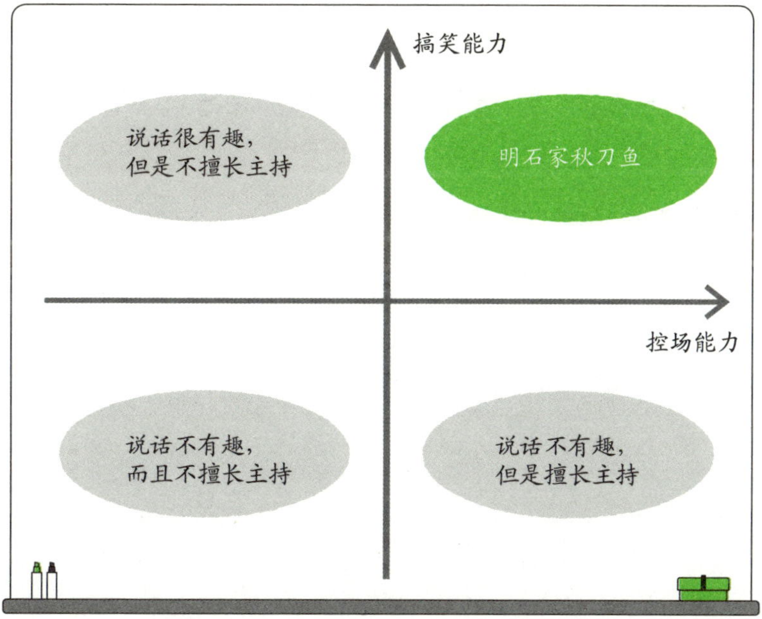

为了能够更简洁明了地将信息传达给对方，除了图表我们还可以使用“公式化”进行说明。

我想到的就是下面这个极其简洁的公式。

明石家秋刀鱼=搞笑能力 × 控场能力

最后，我们还可以顺便使用数字来展示明石家秋刀鱼的强项。

一项调查结果显示，近几年来在对男艺人的好感度排行榜中，明石家秋刀鱼始终名列前五，2012年的调查结果中对他的好感度达到了50%。

这也就是说，有大约一半的受访者中都回答了“有好感”或“比较有好感”。当然，这个调查的受访者不是全日本人民，所以就算给出回答的实际人数也没有什么意义。因此，**调查结果没有使用实际数字，而是使用了比例。**

好了，这下材料都集齐了。

我会用这样的一张纸来总结明石家秋刀鱼的强项。

运用数学思维进行展示，让你的强项一目了然！

明石家秋刀鱼=(搞笑能力)×(控场能力)

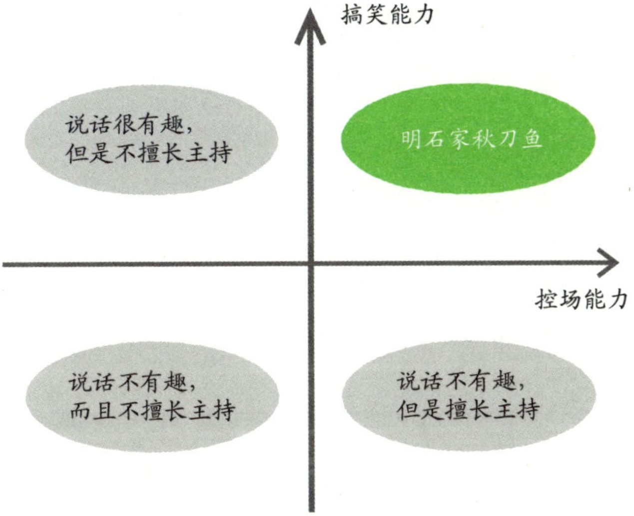

连年名列男艺人好感度排行榜前五

2012年的好感度约为50%！

这几个步骤可以总结如下：

总结自己的强项的五个步骤

（第一步） 举出两个强项

↓

（第二步） 将其设为横轴和纵轴，画出四象限

↓

（第三步） 填写四象限

↓

（第四步） 进行公式化

↓

（第五步） 使用数字补充说明

在这里，我想给大家提个建议。

请大家试着运用数学思维，总结一下自己和自己所在公司的强项。

这不仅能够帮助你对自己进行分析，还能够帮助你做出一份无比易懂的高水平讲演材料。

已故的史蒂夫•乔布斯在苹果手机发布会上的演讲里，也应用了这种思维方式。

他将纵轴和横轴分别定义为“智能程度”和“易用程度”，极为直白地告诉听众：苹果手机这款新产品处于四象限的右上角。

最后，他还说了这样一句话。

“我们想要做的是，远比现在的任何产品都更智能，而且操作极其简单的手机。这，就是苹果手机。”

知识点

- 试着使用数学思维，将自己的强项总结在一张纸上介绍给大家吧
- 不是只有数学家才会使用数学思维

课后练习题

问题1

你想和你的恋人分手，但是对方完全没有注意到你的心思，还和你说："我比谁都懂你的想法。"你应该怎么明确否定这句话呢？

问题2

一件商品定价1000日元，你想让卖家降价300日元，请问你应该怎么讲价？

问题3

你是一个美食评论家。有一家咖喱店委托你试吃两种新品，以决定应该正式销售哪种。

你以口味、卖相、价格为指标，给两种新品分别评了分，却发现二者的总分相同。请问具备数学思维的你下一步要怎么做呢？

课后练习题答案及解说

第二节

问题1答案　2小时

只要组合使用在这一章中出现过的“工程问题”和“相遇问题”就可以轻松解决了。首先假设工作量是“1”，那么A和B每小时能完成的工作量就分别是1/6和1/3。因此，只要将完成任务的终点设在中间点，让二人相向而行的话，1小时就能完成1/6+1/3=3/6=1/2了。也就是已经完成一半了。因此，再过1小时，二人就能够刚好在中间点相遇，完成任务了。

问题2答案　将单位转换为平均每秒的速度后再解释

数字不是只要用了就可以了。想要成为擅长使用数字的商务人士，必须要先懂得如何根据对方的情况改变数字的使用方法。这道题里，“对方”是小学生，而正常来说小学生对于每小时900千米是没有概念的。我们需要转换单位，每分钟15000米，再小一点，每秒250米。如果你再加上一句“打个响指的时间就能绕着学校的广场跑一圈”这样的例子的话，他们就能理解这速度有多快了。

问题3答案　3和0

在商务中，先决定答案再想出几种过程是很重要的。常见的例子就像这道题一样，先有利益=销售额-成本的概念再决定计算过程。风险最低的自然是没有成本的情况，就算销售额为零都不会出现亏损。也就是说3=3-0。当然，这世上没有什么生意是不需要成本的，这里我只是选了一个极端的例子来锻炼大家的思维。

第三节

问题1答案　在更小的框架下思考

我们没办法精确的数出答案，这不必多说。但是，我们可以想办法推算出“粗略”的结果。办法不止一种。如果你是一名大学生，你可以数一数和你同个教室的人有多少个穿着红衣服，算出穿红衣服的人的比例，再以日本总人口1.2亿人为基数就可以粗略推算出答案了。不过在这里要注意的是，基数如果太小的话推算就没有意义了（比如说你身边3个人中有1个穿了红毛衣，因此你认为今天全日本有4000万人穿了红衣服的话，偏差就太大了）。

问题2答案　山田太郎可以提供的=数学×商务+乐趣

越是复杂的事物，就越难让对方理解。因此，我们需要尽可能简洁明了地传达自己想要表达的内容。尽管如此，大家可能还是会有意无意地在这方面偷懒。在这道题里，只要写出上面这样的一条公式再辅以简单的口头说明，山田太郎就一定能够把想要表达的内容传达给对方。

问题3答案　B

把（1）到（3）这三句话写得简洁一点就是：

（1）数学思维→职业发展（2）职业发展→人生（3）人生→友善

这道题的重点是将（2）倒过来再否定前后双方。接下来，将（1）和改写后的（2）组合起来就可以得到“数学思维→人生”这条论述，这和B说的话是完全一样的。除此之外，很遗憾，我们没办法从（1）到（3）这三句话中得出A和C说的是实话这一结论。

第四节

问题1答案　34220种

从60人中选出57人，反过来说就是从60人中决定“不选哪3个人”。也就是说，答案和从60人中选出3人是一样的。第1个人有60种选法，第2个人有59种，第3个人有58种，一共是60×59×58=205320种。但是，这里面其实包含了这3个人以不同的顺序被选出的情况，而顺序一共有3×2×1=6种。因此，答案是205320÷6=34220种。

问题2答案　增加625万日元

已知2011年度的利润是2000万日元，可得该年度的利润率为20%。2012年度和2011年度相比的变化是增加的500万日元的费用，而2013年度和2012年度相比的变化是销售额。整理变化前和变化后可以得到右侧的表格。如果想要让利润率维持20%，销售额需要是8500万日元除以0.8，也就是1.625亿万日元。因此。变化是增加625万日元。

	销售额	费用	利润率
2011年度	1亿日元	8000万日元	20%
2012年度	1亿日元	8500万日元	15%
2013年度	?	8500万日元	20%

问题3答案　将下单率进一步分解为更精确的数字

举个例子，我们可以将下单率分解为下面这样：

下单率＝订单数 ÷ 点击数＝(下单数 ÷ 购买页面的点击数)×(购买页面的点击数 ÷ 点击数)

如果前半部分的数字不理想的话，我们可以分析购买页面有没有什么因素阻止了顾客最终下单；如果后半部分的数字不理想的话，则可以考虑是不是引导顾客从主页点击到购买页面的环节出了问题。此后再根据具体情况调整对策。

第五节

问题1答案　举出1个反例就可以了

大家常说，爱情是盲目的。相信这本书的读者里面也有人有过这样的经历。在这里，想要明确否定这句话的方法，就是举出反例。

“你错了。你都不知道我想要和你分手吧？我的朋友们可全都知道。”

这个反例就能够帮你否定“我比谁都懂你的想法”这句话。

问题2 答案 “我的预算只有500日元……但是我愿意加价到700日元！”

我之前提过，谈判讲价和算账有共通之处。如果只有一方吃亏的话谈判就绝对不会成功。就像在这道题里，让卖家降300日元的话只有卖家吃亏。我会这样和他说：“其实我的预算只有500日元，但是我真的很想买下来，所以我愿意加价到700日元。你能不能帮个忙，减300日元呢？我以后还会再来买东西的。”

这样，我就给卖家提供了一个我和他双方都吃亏的情景。

问题3 答案 以数字表现指标的重要程度

这里可以使用我在这一章中介绍过的加权评分。在口味、卖相、价格中，选择更重要的对其进行加权。比如说，重要程度从高到低依次是口味，卖相，价格的话，可以在设口味=5，卖相=3，价格=1之后再次计算这两种新品的分数（具体方法请参照正文内容）。如果分数还是一样的话，可以再大胆一点，把各项指标的分数的差距再拉大一些，就能分出高下了。

后　记

下面是我给大家最后的寄语。

大家都知道，本书的书名是《数学思维：改变你工作和生活的神奇魔力》。接下来，就请大家解答最后一道题。

提问：

“很抱歉，我们公司没有适合你做的工作了。感谢你的付出。”

请问，听到了这句话的你下一步应该怎么思考，怎么行动呢？

这下麻烦了，这可是一个重大危机。说实话，我过去在公司上班的时候就有过类似的经历。碰上这样的情况，任谁都会惊慌失措。而我当时是这么想的：

“把这个情况数据化以后会是怎样的呢？假设无事发生的情况为0的话，我现在的情况应该是负10，不对，算是负100吧。如果能够从这里回到正1的话，就相当于前进了101。这样一来，我的个人价值和一直都维持1的人相比就有了极大的提升！”

简单说，就是化危机为转机。

在这个原本和数字无关的局面下，通过使用数学思维进行思考，我对于“化危机为转机”这句话有了更深的体会。可以说，如果当时我没有这样想的话，就不会走到今天这一步。

当你的工作和生活陷入危机急需改变的时候，能够拯救你的不是数学题的解题技巧，而是最基础的数学思维。

这正是我说“数学成绩好的人不一定能干，但具备数学思维的人一定更优秀”的依据所在。

今后，也许我还会遇到更多的危机。当然了，没有人能够永远一帆风顺。

但是，这没有什么可怕的。作为一起在职场上拼搏奋斗的伙伴，就让我们从今天开始一起进步，一起尽情享受工作和生活吧！

请记住：数学思维，是改变你工作和生活的神奇魔力。

深泽真太郎

2013年2月

笔记栏

笔记栏

读者意见反馈表

亲爱的读者：

感谢您对中国铁道出版社有限公司的支持，您的建议是我们不断改进工作的信息来源，您的需求是我们不断开拓创新的基础。为了更好地服务读者，出版更多的精品图书，希望您能在百忙之中抽出时间填写这份意见反馈表发给我们。随书纸制表格请在填好后剪下寄到：北京市西城区右安门西街8号中国铁道出版社有限公司大众出版中心 巨凤 收（邮编：100054）。此外，读者也可以直接通过电子邮件把意见反馈给我们，E-mail地址是：393495504@qq.com。我们将选出意见中肯的热心读者，赠送本社的其他图书作为奖励。同时，我们将充分考虑您的意见和建议，并尽可能地给您满意的答复。谢谢！

- -

所购书名：________________________________

个人资料：

姓名：______________性别：___________年龄：___________文化程度：____________________

职业：______________________电话：_________________E-mail：______________________

通信地址：____邮编：_________________________

- -

您是如何得知本书的：

□书店宣传 □网络宣传 □展会促销 □出版社图书目录 □老师指定 □杂志、报纸等的介绍 □别人推荐 □其他（请指明）____________________

您从何处得到本书的：

□书店 □邮购 □商场、超市等卖场 □图书销售的网站 □培训学校 □其他

影响您购买本书的因素（可多选）：

□内容实用 □价格合理 □装帧设计精美 □带多媒体教学光盘 □优惠促销 □书评广告 □出版社知名度 □作者名气 □工作、生活和学习的需要 □其他

您对本书封面设计的满意程度：

□很满意 □比较满意 □一般 □不满意 □改进建议

您对本书的总体满意程度：

从文字的角度 □很满意 □比较满意 □一般 □不满意

从技术的角度 □很满意 □比较满意 □一般 □不满意

您希望书中图的比例是多少：

□少量的图片辅以大量的文字 □图文比例相当 □大量的图片辅以少量的文字

您希望本书的定价是多少：

本书最令您满意的是：

1.

2.

您在使用本书时遇到哪些困难：

1.

2.

您希望本书在哪些方面进行改进：

1.

2.

您需要购买哪些方面的图书？对我社现有图书有什么好的建议？

您更喜欢阅读哪些类型和层次的经管类书籍（可多选）？

□入门类 □精通类 □综合类 □问答类 □图解类 □查询手册类 □实例教程类

您在学习计算机的过程中有什么困难？

您的其他要求：